SARAH WIENER

Herdhelden

Für meine männlichen Freunde und meine Zweitfamilie auf all meinen kulinarischen Abenteuern: Ralf Klingelhöfer, Martin Langner, Pascal Capitolin, Oliver Prasnikar, Florian Schewe und Volker Heise.

SARAH WIENER

Herdhelden

Was man zum Heurigen & im Buschenschank verkosten kann – deftige Speisen aus österreichischen Gasthäusern

Zum jungen Wein, der in Österreich Sturm genannt wird, isst man beim Heurigen eine deftige Jausn – eine Brotzeit mit Brot und Salzstangerln, Speck und Käse, Krenaufstrich, Grammelschmalz und Liptauer. Für den großen Hunger gibt es das beste Gulasch der Welt, die heißgeliebten Backhendl, faschierte Laiberl, Krautstrudel, Erdäpfelsuppe, Grammelknödel und eine würzige Brezensuppe.

Kas & Topfen, Wild, Schwammerl & Holler – Spezialitäten direkt aus der wilden Natur

Milch, Käse, Topfen in allerbester Qualität von den Almkühen veredelt man in Kärnten zu den berühmten Kasnudeln und in Vorarlberg zur sahnigen Käsesuppe. Selbst gesammelte Schwammerl, Wildkräuter, Kastanien – daraus werden Schwammerlgulasch, Steinpilzpaste und Maronisalat, Wildkräutersuppe und Löwenzahnkapern. Und zum süßen Ende gibt es Holunderblütencreme und Löwenzahnhonig, Hagebuttenmarmelade und Almnüsse aus dem Schmalztopf der Sennerin.

Gutes aus Stall & Garten, von Feld & Acker – Bauernhofküche mit Gartengemüse und Gänsebraten

Wachauer Marillen, steirische Kürbisse, Süßmost aus Äpfeln und Trauben und frisches Gemüse aus dem Bauerngarten wie Rote Rüben, Pastinaken und Sellerie – Österreichs Köchinnen und Köche verwandeln die traditionellen Bauernerzeugnisse in regionale, frische Küche: Petersilienpaste, Radieschensuppe und Erdäpfelkrapferl gibt es genauso wie die mit feinsten Rübchen gefüllten Schlutzkrapfen, das Mostbratl und die süßen Nachspeisen wie Honigeis, Apfelschnee oder Marillenfleck.

Die Schürzenheldin aus der Beletage

Wiener Klassiker & die feine Küche – wo die böhmische Köchin die Frau Hofrat verwöhnte

Feiner, edler und internationaler ging es schon immer in der kaiserlichen Hauptstadt Wien zu. Böhmen, Italien und der Orient mischen in der Küche mit. Es darf auch einmal teurer sein: Salat aus frischen Artischocken gibt es hier, lackierte Ente mit Mohnnudeln und feinen Waller aus der Donau, mit Safran veredeltes Quittenkompott, aber natürlich auch Tafelspitz und Semmelkren, Wiener Schnitzel und Powidltascherl mit süßen Bröseln.

Zucker war sein letztes Wort

Die süßen Verführungen aus Mehlspeisenküche & Backstube – Schwelgen in der Wiener Zuckerbäckertradition

Österreich und seine Mehlspeisen – da dürfen die weltbesten Buchteln mit gelber Kanarisauce nicht fehlen, ebenso wenig wie Apfelstrudel und die beliebten Topfenkuchen. Höhepunkte der Backkunst sind die Torten: Burgenländer Mandeltorte, Waldviertler Mohntorte, Malakoff-Torte und Alt-Wiener Biskuitroulade mit Kaffeecreme – so holt man sich das Wiener Kaffeehaus auf den eigenen Tisch.

Anhang

Liebe Leserinnen und Leser,

Geschmack wird früh geprägt. Durch bestimmte Lebensmittel, durch immer wiederkehrende Aromen, durch Kochmethoden und natürlich durch die Eigenheiten der jeweiligen Region oder des Landes. Ich bin in Wien aufgewachsen und habe wohl daher eine Vorliebe für Knödel, Schinkenfleckerl, Palatschinken und Marmelade zum Frühstück. Meine tschechische Oma war eine hervorragende Köchin, die ihre Enkel nur allzu gern verwöhnte. Als Kind war ich punschkrapferlsüchtig (heute wäre mir das viel zu süß) und liebte Leberknödelsuppe, noch besser war nur die Grießnockerlsuppe. Mein Himmel auf Erden! Wenn sie denn gut gemacht war!

Jeder, der sich auch nur im Mindesten für Essen interessiert, kennt Wiener Schnitzel und Sachertorte. Aber haben Sie schon einmal Grammelknödel gemacht und mit Ihrer selbst gekochten Biersuppe brilliert? Jeder hat eine bestimmte Vorstellung von österreichischer Küche, von Österreich selbst. Auch wenn Sie diese Vorstellung lieben – ich bin sicher, dass Sie sich neben unverzichtbaren traditionellen Rezepten über neue Interpretationen oder Abwandlungen oder einfach über Experimente mit typisch österreichischen Zutaten freuen werden. Und so war es mir ein Anliegen, ein ganzes Buch meiner Heimat zu widmen, der Heimat meiner Kindheit und frühen kulinarischen Prägung. Meine Mutter, meine Geschwister, meine Oma und viele andere Köchinnen und Köche haben mich im Lauf meines Lebens inspiriert, haben meinen Geschmack geprägt und mir neue Geschmackswelten eröffnet.

Mein großer Dank gilt den Herdhelden und -heldinnen, die so liebenswürdig waren, mir ihre Küchen und Rezeptbücher zu öffnen. Manche von ihnen kenne ich recht gut, manchmal ist eine Freundschaft entstanden, manchmal war es nur eine schöne kurze Begegnung. Mit vielen möchte ich unbedingt in Kontakt bleiben, auch wenn meine Termine und die Entfernung diesem Wunsch hinderlich sind. Die Leidenschaft so vieler verschiedener Menschen fürs Kochen – diese zu teilen ist das, was mich am meisten stolz macht:

Ich bin ein Teil dieser Familie. Seine Rezepte mit Fremden zu teilen hat mit Sympathie, Großzügigkeit und Wertschätzung zu tun. Für jemanden zu kochen, ist immer auch Liebe und Fürsorge. Für mich ist Kochen Freude, Entspannung, Kreativität und Neugier zugleich.

Es ist nicht egal, was wir wo und wie essen. Wie wir kochen und wie wir essen, sagt eine Menge über unser Weltbild, unsere Anschauungen, unsere Sozialisation und unsere Haltung der Welt gegenüber aus. In unserer industrialisierten Welt voller Zusatzstoffe, pestizidbelasteter Äcker und Massentierhaltung ist es eine Notwendigkeit geworden, bewusst und aufgeklärt zu kochen, wenn wir unseren Nachkommen eine lebenswerte und gesunde Welt hinterlassen wollen. Kochen fängt bei dem Samenkorn an, das der Bauer in die Erde setzt, und beim Hühnerei, das gerade gelegt worden ist. Zum Kochen gehört das duftende, schmurgelnde Saftgulasch genauso wie das Wissen darum, woher das Rind stammt, dessen Fleisch wir verwenden, wie es gelebt hat und was es gefressen hat.

Kochen kann etwas sehr Beglückendes sein und das eigene Selbstwertgefühl steigern. Es kann Werte wie Teilen und Kommunikation aufs Beste unterstützen. Kochen bedeutet aber auch: Verantwortung übernehmen.

Ich freue mich, dass Sie mein neues, frisches, duftendes Kochbuch in der Hand halten und bis hierher gelesen haben. Ich freue mich noch mehr, wenn Sie sich von dem einen oder anderen Rezept angeregt fühlen, selber wieder öfter zum Kochlöffel zu greifen. Für diejenigen, die ohnehin jeden Tag kochen, hoffe ich, dass sie neue Anregungen oder Rezepte finden, die sie so noch nicht kannten oder schon immer gesucht haben. Auch Rezepte unterliegen einem Zeitgeist. Das ist auch gut so. Genauso wichtig sind aber Rezepte, die zeitlos genial und gut sind, und die man gern sein Leben lang isst und kocht. Davon finden Sie auch viele in meinem Buch. Welche das nun im Einzelnen sind – diese Entscheidung überlasse ich Ihnen. Ich habe auf jeden Fall schon meine Favoriten und werde gleich wieder zum Herd eilen.

Herzlichst Ihre

Meine 15 Gebote zur Ernährung

Ich gebe es zu: Auf meinem langen Weg zur medialen Köchin habe ich meine Unschuld verloren.
Früher gab es nur ein Kriterium für gutes Essen: Schmeckt es denn? Früher habe ich mir stolz meine erste Flugmango geleistet und war begeistert, was es so alles zu kaufen gibt. Exotische Früchte, betörende Gewürze, Erdbeeren das ganze Jahr. Und neue Geräte noch und nöcher, die die Küchenarbeit vereinfachen sollten. Zwiebelhacker, Knoblauchpresse, fünfzehn verschiedene Reiben, elektrische Pfeffermühle ...

Ich habe mir Spargel zu Weihnachten gekauft, um mal so richtig in die Vollen zu gehen. Und darüber gestaunt, woher all diese Waren kommen: Brasilien, Chile, Südafrika. Und ich: ein Teil dieser Welt und mittendrin.
Industrielle Nahrung war für mich ein kurzes Intermezzo. Mal ein paar Tütensuppen, Früchtejoghurts, eingelegter Fisch mit Gemüse. Aber das war nicht meine Sozialisation und hat mir nicht lange geschmeckt.

Ich hatte schon immer eine natürliche Abneigung gegen Fertigprodukte. Warum? Ich hätte es nicht benennen können. Vielleicht der ewig gleiche überwürzte salzige Geschmack? Die merkwürdige Konsistenz? Das Undefinierbare in einer Sauce, die ich nicht selbst gekocht habe? Das Unbehagen darüber, nicht zu wissen, was ich da eigentlich esse und trinke?

In den letzten Jahren, als ich immer stärker in der Öffentlichkeit gestanden bin, habe ich mich mit Anbaumethoden, Tierhaltung, Gentechnik und Lebensmittelzusatzstoffen genauso befasst wie mit Fehlernährung, ernährungsbedingten Krankheiten, Klimawandel und natürlich mit Rezepten.

Das Kochen ist mein tägliches Brot, und deshalb beschäftige ich mich intensiver damit als andere Menschen, die einen Fulltime-Job haben oder eine große Familie versorgen.

Ich will nicht zu wissenschaftlich werden – das hier ist schließlich ein Kochbuch. Trotzdem möchte ich Ihnen meine 15 Gebote zur Ernährung verraten.

1) *Höre auf deinen Körper! Er sagt dir, was du brauchst.*

2) *Nehmt euch Zeit für eure Mahlzeiten.*

3) *Kauft nur ökologisch erzeugte Lebensmittel oder vom Nachbarn, den ihr kennt. Damit schont ihr die Umwelt und vermeidet die weitere Zerstörung und Vergiftung der Böden.*

4) *Achtet auf artgerechte Nutztierhaltung. Unsere Tierschutzbestimmungen machen vor den Nutztieren halt. Kauft kein Fleisch aus Massentierhaltung. Zu teuer? Weniger Fleisch essen und auch andere Teile des Tieres probieren! Unser Körper wird es uns danken!*

5) *Esst weniger Fleisch und Fleischprodukte! Fangt an, eine Mahlzeit pro Woche durch vegetarische Speisen zu ersetzen. Muss denn auch noch jede Zwischenmahlzeit Fleisch enthalten?*

6) *Kauft nicht beim Discounter und großen Monopolisten! Kauft bei kleinen, persönlichen Geschäften.*

7) *Fördert die Biodiversität. Den Preis, den ihr heute nicht zahlen wollt, zahlen die Umwelt, die Gesellschaft und eure Kinder morgen zehnfach.*

8) *Billig ist meist kein Schnäppchen. Billig ist da, um Profit zu machen. Für die Anbieter. Billig geht immer auf Kosten der Qualität.*

9) *Denkt dran: Gibt es etwas Kostbareres als euren Körper? Pflegt ihn und verwöhnt ihn. Mit gesunden und frischen Lebensmitteln!*

10) *Kauft regional und saisonal! Wie war das schön, die letzten dreißig Jahre immer noch mehr kaufen zu können, probieren, entdecken zu dürfen. Weiter reisen, mehr kaufen, schneller leben ... auf Kosten der Umwelt und unserer Gesundheit, und vor allen Dingen: auf Kosten zukünftiger Generationen, wie wir heute wissen.*

11) *Vertrauen ist gut. Aber wirklich naiv. Fragt nach! Penetrant! Fordert Transparenz! Woher kommt etwas? Wie viele Kühe standen da im Stall? Qualität muss man benennen können, bevor man sie einfordert.*

12) *Lest das Kleingedruckte! Ich verstehe nur Bahnhof? Warum soll ich das Produkt dann kaufen?*

13) *Kauft kein Plastik! Benutzt keine Plastiktüten und keine Plastikflaschen. Weg mit dem Plastik aus den Küchen dieser Welt! Gesundheit und Umweltschutz gegen ein bisschen Bequemlichkeit: Plastik braucht fünfhundert Jahre, um sich zu zersetzen. Plastik verbraucht natürliche Ressourcen. Plastik enthält unzählige Stoffe, die in Flüssigkeiten und Speisen übergehen.*

14) *Und schließlich: Koche selbst und bringe es deiner Umgebung bei!*

15) *Koche mit viel Liebe!*

Und selbst wenn Sie nur ein einziges Gebot umsetzen, dann wäre das doch immerhin schon ein Anfang!

Sturm in Österreich

Was man zum Heurigen & im Buschenschank verkosten kann – deftige Speisen aus österreichischen Gasthäusern

KAPITEL 1

ZUM JUNGEN WEIN, *der in Österreich Sturm genannt wird, isst man beim Heurigen eine deftige Jausn – eine Brotzeit mit Brot und Salzstangerln, Speck und Käse, Krenaufstrich, Grammelschmalz und Liptauer. Den echten Buschenschank erkennt man an den Föhrenzweigen, dem „Buschen", der an einer langen Stange vors Haus gesteckt wird zum Zeichen dafür, dass hier eigener Wein, Most und kleine Speisen serviert werden.*

Kernölaufstrich

100 g Kürbiskerne
1/2 Bund Schnittlauch (ersatzweise
1 EL geriebener Kren/Meerrettich)
200 g Frischkäse
3–4 EL Crème fraîche
3–4 EL Kürbiskernöl
1–2 Knoblauchzehen
Salz, Pfeffer aus der Mühle

4 Personen

15 Minuten + Abkühlzeit

1. Die Kürbiskerne in einer Pfanne ohne Fett anrösten, abkühlen lassen und fein hacken. Schnittlauch waschen, trocken tupfen und in Röllchen schneiden.

2. Den Frischkäse mit Crème fraîche und Kürbiskernöl verrühren. Den Knoblauch schälen und durch die Knoblauchpresse zum Frischkäse pressen. Gehackte Kürbiskerne und Schnittlauch unterheben und den Aufstrich mit Salz und Pfeffer abschmecken.

Tipp: Der Aufstrich schmeckt auf kräftigem Bauernbrot, am besten Kürbiskernbrot, aber auch auf frischem, herzhaft gewürztem Weißbrot, etwa den Salzstangerln von Seite 39.

Eierkren

4 Eier
250 g Sauerrahm
1–2 EL geriebener Kren
(Meerrettich)
1 Spritzer Zitronensaft
Salz, Pfeffer aus der Mühle

4 Personen

10 Minuten + Kochzeit + Abkühlzeit

1. Die Eier in etwa 10 Minuten hart kochen. Kalt abschrecken, abkühlen lassen, schälen und fein hacken.

2. Den Sauerrahm mit Kren und Zitronensaft verrühren. Den Aufstrich mit Salz und Pfeffer kräftig abschmecken und die gehackten Eier unterheben

Tipp: Der Eierkren schmeckt auf einem kräftigen Roggenbrot, aber auch zu Roastbeef und Schinken.

Liptauer

250 g Topfen (Quark; Magerstufe)
100 g weiche Butter
1 Zwiebel
2 große Gewürzgurken
2–4 eingelegte Sardellen
1 EL edelsüßes Paprikapulver
1 TL gemahlener Kümmel
1 TL scharfer Senf
2 EL Kapern
Salz, Pfeffer aus der Mühle
1/2 Bund Schnittlauch und/oder
2–3 eingelegte grüne Peperoni

4 Personen
15 Minuten

1. Topfen und Butter zu einer glatten Masse verrühren. Die Zwiebel schälen und sehr fein hacken. Gewürzgurken und Sardellen in kleine Würfel schneiden.
2. Die Topfenmasse mit Paprika, Kümmel und Senf verrühren. Zwiebel, Gewürzgurken, Sardellen und Kapern untermischen. Mit Salz und Pfeffer abschmecken.
3. Den Schnittlauch waschen, trocken tupfen und in Röllchen schneiden, bzw. Peperoni vom Stiel befreien und in dünne Ringe schneiden. Den Liptauer mit Schnittlauch und/oder Peperoni bestreut servieren.

Erdäpfelkas

300 g mehligkochende Erdäpfel (Kartoffeln)
1/2 TL Kümmelsamen
1 Bund Petersilie
1 Bund Schnittlauch
2 Schalotten
250 g Topfen (Quark; 20 % Fett)
150 g Sauerrahm
Salz, Pfeffer aus der Mühle

6–8 Personen
15 Minuten + Kochzeit + Abkühlzeit

1. Die Erdäpfel samt Schale mit den Kümmelsamen in Wasser weich kochen. Abgießen, die Erdäpfel noch heiß schälen und abkühlen lassen.
2. Die Kräuter waschen, trocken tupfen und fein schneiden. Die Schalotten schälen und fein hacken.
3. Den Topfen mit Sauerrahm verrühren. Die Erdäpfel mit der Gabel oder einem Stampfer fein zerdrücken und unterrühren. Kräuter und Schalotten untermischen, den Erdäpfelkas mit Salz und Pfeffer würzen.

*„**PFEFFER** sollte immer frisch aus der Mühle kommen! Die ätherischen Öle im Pfefferkorn verfliegen nach dem Mahlen sehr schnell. Sie sind die Geschmacksträger, die unsere Speisen würzen. Außerdem verwende ich immer naturbelassenes Salz – Steinsalz oder Meersalz."*

Grammelschmalz

375 g Schweineflomen (Bauchfett; beim Metzger vorbestellen)
375 g grüner Bauchspeck
3 große Zwiebeln
einige Zweige Majoran
Salz, Pfeffer aus der Mühle

6–8 Personen (etwa 500 g)

1 Stunde + Garzeit

1. Flomen und Speck in sehr kleine Würfel schneiden, die eventuell vorhandenen Häutchen im Flomen dabei entfernen. Die Würfel in einen großen, hohen Topf geben und bei schwacher Hitze auslassen, bis die Grammeln (Grieben) beginnen, im ausgelassenen Fett zu sieden. Das dauert etwa 1 Stunde.

2. Die Zwiebeln schälen und fein hacken. Nach und nach ins Fett geben (Achtung, Spritzgefahr!) und so lange braten, bis Grammeln und Zwiebeln schön braun sind. Sie dürfen aber nicht zu dunkel werden und verbrennen. Etwas abkühlen lassen.

3. Majoran waschen und trocken tupfen, die Blättchen abzupfen und fein schneiden. Mit Salz und Pfeffer zum etwas abgekühlten Schmalz geben. Gut verrühren und in Steingut- oder Keramiktöpfchen oder Gläser füllen. Kühl und dunkel lagern.

Verhackert

400 g durchwachsener Räucherspeck
1 mittelgroße Zwiebel
1 Knoblauchzehe
1 gekochter Erdapfel (Kartoffel)
einige Blättchen Majoran oder Thymian
Salz, Pfeffer aus der Mühle

4 Personen

15 Minuten

1. Den Speck von der Schwarte befreien und in grobe Stücke schneiden. Zwiebel und Knoblauch schälen und fein schneiden. Den gekochten Erdapfel schälen und mit einer Gabel fein zerdrücken. Die Kräuterblättchen fein schneiden.

2. Den Speck mit Zwiebel und Knoblauch durch den Fleischwolf drehen oder in der Küchenmaschine grob mixen. Mit dem zerdrückten Erdapfel und den Kräutern vermischen und mit Salz und Pfeffer würzen.

„**DIE BREZENSUPPE** *heißt nur Suppe, aber eigentlich ist das eine sehr sättigende Vorspeise aus dem Backofen. Die habe ich in Tirol gegessen – soooo gut! Am besten natürlich mit Tiroler Graukäse.*"

Brezensuppe

3 altbackene Laugenbrezen
Salz, Pfeffer aus der Mühle
80 g Tiroler Graukäse
(ersatzweise Bergkäse, Emmentaler)
1 ½ l Fleischsuppe (-brühe)
1 große Zwiebel
2 EL Butter
1 Bund Schnittlauch

4 Personen

30 Minuten

1. Den Backofen auf 200 °C (Umluft 180 °C) vorheizen. Die Laugenbrezen von zu viel Salz befreien und in 2–3 mm dünne Scheiben schneiden. In eine ofenfeste Terrine oder eine Auflaufform legen. Salzen und pfeffern. Den Käse reiben und darüberstreuen. Die Fleischsuppe aufkochen und über die Brezenscheiben gießen. Die Form 10–15 Minuten in den heißen Ofen stellen.

2. In der Zwischenzeit die Zwiebel schälen und in Ringe schneiden. In der heißen Butter langsam goldgelb braten. Den Schnittlauch waschen, trocken tupfen und in feine Röllchen schneiden. Die Brezensuppe mit Zwiebeln und Schnittlauch bestreuen und sehr heiß servieren.

VARIANTE

Brotsuppe: Auch altbackenes kräftiges Bauernbrot wird gern für eine sättigende Suppe verwendet. Dafür etwa 500 g Brot in dünne Scheibchen schneiden und mit 1 ½–2 l Fleischsuppe in einem Topf so lange kochen lassen, bis das Brot zerfällt. Pürieren und mit Salz und Pfeffer aus der Mühle würzen. Zum Verfeinern 2 Eidotter oder 80 g geriebenen Bergkäse einrühren. Mit gerösteten Zwiebelringen und Schnittlauch bestreut servieren.

Erdäpfelsuppe mit Morcheln

20 g getrocknete Morcheln
800 g mehligkochende Erdäpfel (Kartoffeln)
1/2 Stange Lauch (nur das Weiße)
1 Karotte, 50 g Butter
800 ml Gemüsesuppe (-brühe)
2 EL Sherry
Salz, Pfeffer aus der Mühle
100 g Crème fraîche
2 EL gehackte Petersilie

4 Personen
40 Minuten

1. Die Morcheln in warmem Wasser einweichen. Die Erdäpfel schälen und in Würfel schneiden. Lauch und Karotte waschen, putzen und fein würfeln. 2 EL Butter in einem Topf erhitzen, Erdäpfel, Lauch und Karotte darin andünsten und mit der Gemüsesuppe aufgießen. Zugedeckt 15 Minuten kochen lassen.

2. Die Morcheln abgießen und fein hacken. In der restlichen Butter andünsten und mit dem Sherry ablöschen. Salzen und pfeffern. Die Suppe mit dem Mixstab pürieren, die Crème fraîche einrühren und die Suppe mit Salz und Pfeffer abschmecken. Auf vorgewärmte tiefe Teller verteilen, die Morcheln hineingeben und die Suppe mit der Petersilie bestreut servieren.

Pastinakensuppe mit Käsekrusteln

500 g Pastinaken (ersatzweise Petersilienwurzeln)
1 Zwiebel
1 Knoblauchzehe
3 EL Butter
1/2 l Gemüse- oder Hühnersuppe (-brühe)
100 g Obers (Sahne)
Salz, Pfeffer aus der Mühle
100 g altbackenes Weißbrot
40 g geriebener Bergkäse
4 Scheiben durchwachsener Räucherspeck
4 Zweige Thymian

4 Personen
45 Minuten

1. Die Pastinaken schälen und in Scheiben schneiden. Zwiebel und Knoblauch schälen und würfeln. 2 EL Butter in einem Topf erhitzen. Zwiebel zugeben und andünsten. Pastinaken und Knoblauch zufügen und kurz mit andünsten. Die Suppe zugießen und zum Kochen bringen. 15 Minuten leise kochen lassen, bis die Pastinaken weich sind. Obers zufügen und die Suppe weitere 5 Minuten kochen lassen. Dann mit dem Mixstab pürieren und mit Salz und Pfeffer abschmecken.

2. Den Backofen auf 250 °C Oberhitze (Grillfunktion) vorheizen. Das Weißbrot würfeln und die Würfel nebeneinander auf ein Backblech setzen. Mit geriebenem Käse bestreuen. Das Blech auf den mittleren Rost in den Backofen schieben und die Brotwürfel gratinieren. Den Speck würfeln und in einer Pfanne in der restlichen Butter knusprig braten. Thymian waschen und trocken tupfen, die Blättchen abzupfen, zufügen und die Pfanne vom Herd ziehen. Die Suppe in tiefe Teller füllen und mit Käsekrusteln, Speck und Thymian bestreuen.

„BARBARA HAT MIR neben herrlichstem Rotwein meine allerbesten Grammelknödel der letzten zwanzig Jahre serviert. Ihr wunderschönes Restaurant an der Donau in Weißenkirchen in der Wachau besuche ich jedes Mal gern, wenn ich in der Nähe bin. Ich bin sehr glücklich, dass sie mir erlaubt hat, das Rezept weiterzugeben."

Grammelknödel mit Speckkrautsalat

von Barbara Holzapfel, Weißenkirchen / Joching

Für den Knödelteig:
500 g mehligkochende Erdäpfel (Kartoffeln)
150 g Mehl (am besten doppelgriffiges Wiener Griessler)
4 Eidotter
50 g zerlassene Butter
Salz, Pfeffer aus der Mühle
Muskatnuss

Für den Speckkrautsalat:
300 g Weißkraut
1/8 l Grüner Veltliner
1 TL Kümmelsamen
Salz, Pfeffer aus der Mühle
1/2 TL Zucker
2 EL Honig
150 g durchwachsener Räucherspeck

Für die Füllung:
125 g Grammeln (Grieben)
1 kleine Zwiebel, 1 Knoblauchzehe
Salz, Pfeffer aus der Mühle
1 EL gehackte Petersilie

Zum Servieren:
150 g zerlassene Butter

4 Personen

45 Minuten am Vortag
+ 1 Stunde 20 Minuten

1. Am Vortag für die Knödel die Erdäpfel abbürsten und in kochendem Wasser garen. Abgießen, schälen und über Nacht kalt stellen. Für den Krautsalat das Kraut waschen, hobeln und mit Wein, im Mörser zerstoßenem Kümmel, Salz, Pfeffer und Zucker vermischen. Über Nacht abgedeckt ziehen lassen.

2. Für die Füllung die Grammeln fein hacken. Die Zwiebel schälen und fein hacken. Beides in einer heißen Pfanne anbraten. Knoblauch schälen und dazupressen. Mit Salz, Pfeffer und Petersilie würzen. Gut verrühren, abkühlen lassen und kalt stellen.

3. Am nächsten Tag das Kraut in ein Sieb geben, die Marinierflüssigkeit auffangen. In einem Topf den Honig erhitzen, das Kraut zugeben und andünsten. Mit der Marinade ablöschen und etwas einkochen lassen. Den Krautsalat abschmecken und in eine Schüssel füllen. Den Speck in kleine Würfel schneiden und in einer heißen Pfanne anbraten. Unter den Krautsalat mischen.

4. Für den Knödelteig die gegarten kalten Erdäpfel fein reiben und mit Mehl, Dottern, zerlassener Butter, Salz, Pfeffer und Muskatnuss zu einem glatten Teig verkneten. Diesen zu Rollen von etwa 5 cm Durchmesser formen und davon etwa 16 gleichmäßige Stücke (etwa 3 cm lang) abschneiden. Jeweils eine Mulde eindrücken, 1 EL Grammelfüllung hineingeben und den Teig um die Füllung schließen. Den Knödel wieder rund formen. Einen großen Topf Wasser zum Kochen bringen und salzen.

5. Die Knödel im leicht kochenden Salzwasser etwa 10 Minuten ziehen lassen. Mit einem Schaumlöffel herausnehmen und mit zerlassener Butter begossen heiß zum Krautsalat servieren.

Tiroler Spinatspatzen

250 g Spinat oder Brennnesselblätter (oder gemischt)
350 g Mehl
2 Eier
Salz
80 g Butter
100 g Bergkäse

4 Personen
30 Minuten

1. Spinat oder Brennnesseln verlesen und waschen. Tropfnass in einen Topf geben und erhitzen, bis die Blätter zusammenfallen. In einem Sieb sehr gut abtropfen lassen, auf ein Brett geben und sehr fein hacken. Mehl mit Eiern, Salz und knapp $^1/_2$ l Wasser zu einem zäh vom Kochlöffel fließenden Teig schlagen. Den gehackten Spinat unterrühren.

2. Reichlich Wasser in einem Topf zum Kochen bringen und salzen. Den Teig portionsweise durch ein Spätzlesieb in das Salzwasser drücken. Temperatur reduzieren und die Spinatspatzen mit einem Schaumlöffel herausnehmen, sobald sie an die Wasseroberfläche steigen. In ein Sieb geben und kurz kalt überbrausen. In einer Pfanne die Butter zerlassen und die Spatzen darin schwenken. Den Käse darüberreiben. Sofort servieren.

Kasnocken

300 g altbackene Semmeln oder Weißbrot
$^1/_2$ l Milch
1 große Zwiebel
250 g Bergkäse
1 EL Butter
1 EL gehackte Petersilie
1 EL Mehl
2–3 Eier (je nach Größe)
Salz, Muskatnuss
evtl. 1–2 EL Semmelbrösel

Zum Servieren:
100 g zerlassene Butter
50 g geriebener Bergkäse

4 Personen
30 Minuten

1. Semmeln oder Weißbrot in kleine Würfel schneiden. Die Milch erhitzen, über die Semmelwürfel gießen und 10 Minuten ziehen lassen. Zwiebel schälen und fein würfeln. Bergkäse klein würfeln. Die Butter erhitzen. Zwiebel und Petersilie darin weich dünsten. Mit Käse, Mehl und Eiern zu den Semmeln geben. Mit Salz und Muskatnuss würzen. Die Masse mit den Händen gut verkneten. Wenn der Teig zu feucht sein sollte, 1–2 EL Semmelbrösel einarbeiten.

2. In einem großen Topf Wasser zum Kochen bringen und salzen. Aus dem Teig mit zwei Esslöffeln etwa 20 große, längliche Nocken formen und im Salzwasser bei schwacher Hitze etwa 15 Minuten gar ziehen lassen. Mit einem Schaumlöffel herausheben. Zum Servieren die Nocken mit der Butter übergießen und mit dem Bergkäse bestreuen.

Topfenfleckerl mit Speck

Für die Fleckerlnudeln:
400 g griffiges Mehl (Type 550)
4 Eier
1 EL Pflanzenöl
Salz

Außerdem:
150 g durchwachsener Räucherspeck
50 g Butter
300 g Topfen (Quark)
200 g Schmand
Pfeffer aus der Mühle

6 Personen

45 Minuten + Ruhezeit

1. Aus Mehl, Eiern, Öl, 1 EL Wasser und einer Prise Salz einen elastischen, glatten Nudelteig kneten. Unter einer angewärmten Porzellanschüssel 30 Minuten ruhen lassen. In der Zwischenzeit den Speck in feine Würfel schneiden und in einer Pfanne langsam ausbraten.

2. Den Nudelteig dünn ausrollen und mit einem scharfen Messer in etwa 2 x 2 cm große Stücke, die Fleckerl, schneiden. In einem großen Topf reichlich Wasser zum Kochen bringen und salzen. Die Fleckerl darin in wenigen Minuten (je nach Dicke) bissfest kochen. Abgießen und kalt überbrausen.

3. Die Butter in einer hohen Pfanne erhitzen und die Fleckerl darin schwenken. Topfen mit Schmand glatt rühren und untermischen. Mit Salz und Pfeffer würzen.

4. Die Fleckerl auf vorgewärmte tiefe Teller verteilen, Speck und Speckfett darübergeben und sofort servieren.

VARIANTE

Süße Topfenfleckerl: Nudeln und Topfen kann man auch zu einem wunderbar cremig-knusprigen süßen Auflauf vermengen: Dafür 2 EL Butter, 2 Eier und 2 EL Zucker verrühren, 250 g Topfen und etwas gemahlenen Zimt unter die fertig gekochten Fleckerl mischen. Wer mag, gibt noch Rosinen oder Apfelstückchen dazu. Die Topfenfleckerl in eine gebutterte und mit Bröseln ausgestreute Auflaufform füllen. Aus ¼ l Milch, 2 Eidottern und 1 EL Zucker rührt man einen Guss und gießt ihn über die Fleckerl. Bei 200 °C im Backofen etwa 30 Minuten backen.

Krautstrudel

Für den Teig:
250 g Mehl
1 EL Rapsöl oder zerlassenes Schweineschmalz
½ TL Salz

Für die Füllung:
1 kleiner Kopf Weißkraut (etwa 600 g)
2 Zwiebeln
100 g durchwachsener Räucherspeck
50 g Schweineschmalz
1 TL Zucker
Salz, Pfeffer aus der Mühle
1 TL Kümmelsamen

Außerdem:
Mehl für die Arbeitsfläche
zerlassene Butter zum Bestreichen

4–6 Personen

35 Minuten + Ruhezeit + Backzeit

1. Das Mehl auf die Arbeitsfläche sieben und eine Mulde hineindrücken. Öl oder Schmalz, Salz und etwa ⅛ l lauwarmes Wasser zugeben – nur so viel Wasser nehmen, dass sich ein elastischer, glatter Teig kneten lässt. Den Teig halbieren und zu Kugeln formen. Unter einer angewärmten Porzellanschüssel 30 Minuten ruhen lassen.

2. Für die Füllung das Weißkraut waschen, vierteln und sehr fein schneiden oder hobeln. Den Strunk und die dicken Rippen dabei entfernen. Die Zwiebeln schälen und fein hacken. Den Speck von der Schwarte befreien und in kleine Würfel schneiden.

3. Das Schmalz erhitzen und Zwiebeln und Speckwürfel darin anbraten. Weißkraut untermischen und mit Zucker, Salz, Pfeffer und im Mörser zerstoßenem Kümmel würzen. Eventuell ganz wenig Wasser zugeben. Zugedeckt bei schwacher Hitze 15 Minuten dünsten. Abkühlen lassen.

4. Den Backofen auf 200 °C vorheizen. Die beiden Portionen Strudelteig ausrollen und über die Handrücken dünn ausziehen. Auf einem bemehlten Küchentuch ausbreiten. Das Weißkraut darauf verteilen. Den Strudelteig an den Seiten etwas nach innen umschlagen, dann die beiden Strudel mithilfe des Küchentuchs aufrollen und auf ein mit Backpapier belegtes Backblech legen. Mit zerlassener Butter bestreichen und etwa 30 Minuten backen.

VARIANTE

Kürbisstrudel: Im Herbst kann man den Strudel mit einer saftigen Kürbisfüllung zubereiten. Dafür 100 g Speckwürfel in etwas Butter auslassen. 1 gewürfelte Zwiebel und 2 klein geschnittene Knoblauchzehen darin andünsten. 750 g geriebenes Kürbisfleisch zugeben, mit 1 TL edelsüßem Paprikapulver, Salz und Pfeffer aus der Mühle würzen und mit 1–2 EL Mehl bestreuen. 150 ml Gemüsesuppe dazugießen, umrühren und bei schwacher Hitze schmoren, bis die Flüssigkeit verkocht ist. 150 g Sauerrahm und 2–3 EL gehackte Petersilie unterrühren. Den Strudel mit der Kürbismasse füllen und backen wie oben beschrieben.

Faschierte Laiberl

2 altbackene Semmeln
1 Zwiebel, 1 Knoblauchzehe
1 Bund Petersilie
500 g gemischtes Faschiertes (Hackfleisch)
2 Eier (Größe S)
Salz, Pfeffer aus der Mühle
Majoran- oder Thymianblättchen
1 TL abgeriebene Bio-Zitronenschale
Butterschmalz zum Braten

4 Personen

45 Minuten

1. Die Semmeln 10 Minuten in warmem Wasser einweichen. Zwiebel und Knoblauch schälen und fein hacken. Petersilie waschen, trocken tupfen und fein hacken. Die Semmeln aus dem Wasser nehmen und gut ausdrücken. Mit den vorbereiteten Zutaten, dem Hackfleisch und den Eiern in einer Schüssel vermischen. Mit Salz, Pfeffer, Kräuterblättchen und Zitronenschale würzen. Den Teig mit den Händen so lange kneten, bis er bindet.

2. Mit angefeuchteten Händen aus dem Fleischteig etwa 12 kleine Laibchen formen. Das Butterschmalz in einer beschichteten Pfanne erhitzen und die Laibchen darin bei mittlerer Hitze auf jeder Seite etwa 10 Minuten braun braten.

Backhendl mit Rahmgurken

Für die Rahmgurken:
1 Salatgurke, Salz
150 g Sauerrahm, 3 EL Olivenöl
Pfeffer aus der Mühle
2 EL Weißweinessig
1/2 Bund Dill

Für das Backhendl:
4 Hähnchenbrustfilets ohne Haut (je etwa 120 g)
2 Eier, Salz, Pfeffer aus der Mühle
4 EL Mehl, 100 g Semmelbrösel
8 EL Sonnenblumenöl
Zitronenspalten zum Servieren

4 Personen

40 Minuten

1. Gurke waschen, evtl. schälen, in dünne Scheiben hobeln und mit 1 TL Salz in einer Schüssel mischen. 20 Minuten ziehen lassen. Inzwischen Sauerrahm, Olivenöl, Salz, Pfeffer und Essig verrühren. Dill waschen, trocken tupfen und fein hacken.

2. Für das Backhendl jedes Hähnchenbrustfilet schräg in vier etwa gleich schwere Stücke schneiden. Die Eier in einem tiefen Teller mit Salz und Pfeffer verquirlen. Mehl und Semmelbrösel jeweils auf einen flachen Teller geben. Die Hähnchenstücke zuerst im Mehl wenden, dann durch das Ei ziehen und zum Schluss in den Semmelbröseln wenden.

3. Die Gurken in ein Sieb geben und leicht ausdrücken. Mit der Rahmsauce vermischen, Dill unterziehen, mit Salz und Pfeffer abschmecken. In einer großen Pfanne das Öl erhitzen und die panierten Hähnchenstücke darin von beiden Seiten goldbraun ausbacken. Rahmgurken auf Teller verteilen, die Backhendl dazulegen und mit Zitronenspalten sofort servieren.

„WER ANGELIKA SIEHT, denkt nicht, dass so eine liebenswürdige, leise Frau so viel Tatkraft hat und neben ihrem großen ‚Hotel zur Post' in Lermoos, Tirol, auch noch drei sehr gelungene Kinder großzieht. Reisfleisch habe ich als echtes Wiener Kind jede Woche einmal gegessen. Ich habe mich sehr gefreut, von Angelika wieder einmal kulinarisch in meine Kindheit versetzt zu werden. Und ich habe beschlossen, öfter Reisfleisch zu kochen."

Angelikas Reisfleisch

von Angelika Dengg, Lermoos

1 kg Kalbfleisch (möglichst Kalbsvögerl vom Biobauern oder Kalbsschulter)
1 rote oder gelbe Paprikaschote
100 g weiße oder rote Zwiebeln
1 Karotte
etwa 6 EL Maiskeimöl
Salz, Pfeffer aus der Mühle
Kümmelsamen
80 g edelsüßes Paprikapulver
1 Schuss Essig
1 ½ l Fleischsuppe (-brühe)
4 EL Paradeiswürfel (Tomatenwürfel) aus der Dose
500 g Langkornreis
1 EL Butter
etwa 100 g Parmesan zum Servieren

6 Personen

1 Stunde

1. Fleisch in etwa 2 cm große Würfel schneiden. Paprikaschote waschen, putzen und würfeln. Zwiebeln schälen und fein schneiden, Karotte waschen, putzen und fein würfeln.

2. In einem Topf 4 EL Maiskeimöl erhitzen. Fleischwürfel darin rundherum scharf anbraten, herausnehmen, mit Salz, Pfeffer und im Mörser zerstoßenem Kümmel würzen. Zur Seite stellen. Das restliche Öl in den Topf geben und die Zwiebeln darin glasig andünsten. Paprikawürfel zugeben und kurz mitdünsten. Paprikapulver dazugeben und schnell unterrühren. Sofort mit Essig und der Suppe ablöschen (sonst wird das Paprikapulver bitter!). Fleisch, Karotten- und Paradeiswürfel zugeben und alles gut verrühren. Bei mittlerer Hitze zugedeckt etwa 40 Minuten schmoren.

3. In der Zwischenzeit den Reis in der heißen Butter andünsten. Mit 1 ¼ l heißem Wasser aufgießen, eine Prise Salz zugeben und aufkochen lassen. Die Hitze reduzieren und den Reis zugedeckt bei schwacher Hitze etwa 15 Minuten bissfest garen.

4. Wenn der Reis bissfest ist, in ein Sieb abgießen und beiseitestellen. Die Garflüssigkeit aus dem Reisfleisch entnehmen und in einer Sauciere warm stellen. Den Reis unter das Fleisch mischen und zugedeckt bei schwacher Hitze 10 Minuten ziehen lassen. Das Reisfleisch auf vorgewärmten Tellern anrichten. Sauce und frisch geriebenen Parmesan separat dazu servieren.

Szegediner Gulasch

750 g Schweineschulter
250 g durchwachsener Räucherspeck
2 große Zwiebeln (etwa 300 g)
1 TL Kümmelsamen
1 EL scharfes Paprikapulver
1 TL edelsüßes Paprikapulver
1 EL Paradeismark (Tomatenmark)
Salz
800 g rohes Sauerkraut
4–6 Scheiben durchwachsener Räucherspeck (je $^{1}/_{2}$ cm dick)
1 EL Mehl
200 g Sauerrahm

4–6 Personen

1 Stunde 45 Minuten

1. Das Fleisch in 2–3 cm große Würfel schneiden. Den Speck von der Schwarte befreien und fein würfeln. Die Zwiebeln schälen und ebenfalls fein würfeln. Die Kümmelsamen im Mörser zerstoßen. Den Speck in einem großen Topf anbraten. Zwiebeln zugeben und glasig werden lassen. Die Fleischwürfel zufügen und rundherum anbraten. Kümmel, beide Paprikapulver und das Paradeismark zugeben und kurz mitbraten. Etwa $^{1}/_{4}$ l Wasser zugeben. Das Fleisch salzen und zugedeckt bei schwacher Hitze 30 Minuten schmoren.

2. Das Sauerkraut unterrühren und so viel Wasser zugeben, dass Fleisch und Kraut knapp bedeckt sind. Alles weitere 30 Minuten bei schwacher Hitze zugedeckt garen. Bei Bedarf etwas Wasser zugießen.

3. Die Speckscheiben an der langen Seite im Abstand von 1 cm tief ein-, aber nicht durchschneiden. In einer Pfanne von beiden Seiten anbraten, bis sie sich verformt haben. Diese „Hahnenkämme“ warm halten.

4. Das Mehl mit einigen Esslöffel Wasser glatt rühren und den Sauerrahm untermischen. Die Mischung unter das Gulasch rühren. Kurz aufkochen lassen und in vorgewärmte tiefe Teller füllen. Jede Portion mit einem „Hahnenkamm“ garnieren.

Tipp: Dazu passen Brot oder Salzkartoffeln. Außerdem kann man in einem extra Schälchen mit Paprikapulver bestreuten Sauerrahm reichen.

Alt-Wiener Rindsgulasch

1 kg Zwiebeln
100 g Schweineschmalz (ersatzweise Pflanzenöl)
1 kg Rindfleisch (am besten Wadschinken/Hesse, Wade)
2 EL edelsüßes Paprikapulver
1 gehäufter TL scharfes Paprikapulver
2 EL Paradeismark (Tomatenmark)
knapp ½ l Fleischsuppe (-brühe)
einige Blättchen frischer Majoran
1 TL Kümmelsamen
1 Knoblauchzehe
1 Lorbeerblatt
Salz

4 Personen

1 Stunde + Garzeit

1. Die Zwiebeln schälen und fein würfeln. Das Schmalz in einem großen Topf erhitzen und die Zwiebeln darin unter Rühren glasig dünsten.

2. Inzwischen das Rindfleisch in 2–3 cm große Würfel schneiden. Das Fleisch zu den Zwiebeln geben und rundherum anbraten. Sobald der ausgetretene Fleischsaft verkocht ist, beide Paprikapulver und das Paradeismark zugeben. Unter Rühren etwas anrösten und mit 1 Tasse Fleischsuppe ablöschen.

3. Die Majoranblättchen fein schneiden. Den Kümmel im Mörser zerstoßen. Den Knoblauch schälen und fein schneiden. Alles zusammen mit dem Lorbeerblatt zum Gulasch geben, alle Zutaten verrühren und das Gulasch salzen.

4. Eine weitere Tasse Suppe zugeben, sodass das Fleisch knapp bedeckt ist. Den Deckel auflegen und das Gulasch bei schwacher Hitze etwa 1 Stunde sanft kochen lassen. Ab und zu umrühren und etwas Brühe nachgießen, damit nichts anbrennt. Es sollte aber nicht zu viel Flüssigkeit im Topf sein, damit die Sauce schön sämig wird.

Tipp: Dazu passen die Nockerl von Seite 90, aber auch Semmelknödel (Seite 108), Salzerdäpfel, Makkaroni oder Weißbrot.

VARIANTE

Fiakergulasch: Angeblich waren es die Wiener Fiakerkutscher, die sich als Erste ihr Gulasch auf diese Art servieren ließen: Wer heute ein Fiakergulasch bestellt, bekommt einen Teller mit Rindsgulasch, einem warmen Wiener Würstchen, einem Spiegelei und einer großen Essiggurke.

„MEINE ILSE GUTMANN ist eine wahre Herdheldin! Sie versteht es jeden Tag aufs Neue, traditionelle österreichische Küche spannend zu interpretieren. Ich mag ihren Stil, ihre sensible und gleichzeitig konsequente Art, immer dem Besten mit regionalen Produkten nachzuschmecken. Ihre Mehlspeisen sind legendär!"

Weißbrot von Ilse Gutmann, Zöbing

900 g Mehl
12,5 g Trockengerm (-hefe; knapp 2 Päckchen)
1 EL Zucker, 1 EL Salz
3 EL Pflanzenöl
etwas Mehl zum Bestreuen
1 Ei zum Bestreichen

3 Brote
30 Minuten + Gehzeit + Backzeit

1. Mehl und Germ gut vermischen. ½ l lauwarmes Wasser mit Zucker, Salz und Öl verrühren und dazugeben. Daraus einen glatten Germteig kneten, mit etwas Mehl bestreuen und mit einem Küchentuch abgedeckt 15 Minuten gehen lassen. Wieder zusammenschlagen und durchkneten, erneut 15 Minuten gehen lassen. Diesen Vorgang noch einmal wiederholen.

2. Den Teig in drei Portionen teilen und jede Portion zu einem etwa 25 cm langen Laib formen. Die Brote auf ein mit Backpapier belegtes Blech legen und 15 Minuten gehen lassen. Den Backofen auf 160 °C vorheizen. Jedes Brot im Abstand von 4 cm quer etwa 1 cm tief einschneiden. Das Ei verquirlen und die Brote damit bestreichen. Die Brote 25–30 Minuten backen.

Salzstangerl

500 g griffiges Mehl (Type 550)
1 Würfel Germ (Hefe; 42 g)
100 g Gänseschmalz (ersatzweise Schweineschmalz)
¼ l kohlensäurehaltiges Wasser
2 TL Salz, 1 TL Zucker
1 Ei zum Bestreichen
grobes Salz und Kümmelsamen zum Bestreuen

24 Stangerl
45 Minuten + Gehzeit + Backzeit

1. Aus Mehl, dem zerbröckelten Germ, Schmalz, Mineralwasser, Salz und Zucker einen glatten Teig kneten. Zu einer Kugel formen und in eine Schüssel legen. Mit Folie abgedeckt an einem warmen Ort 1 Stunde gehen lassen.

2. Den Teig dritteln. Jede Portion zu einer dünnen, runden Platte ausrollen. Diese in acht dreieckige Tortenstücke schneiden. Jedes Stück von der kurzen Seite aus zu einem Stangerl aufrollen. Den Backofen auf 220 °C vorheizen. Die Stangerl auf zwei mit Backpapier ausgelegte Bleche legen. Das Ei verquirlen und die Stangerl damit bestreichen. Mit grobem Salz und Kümmel bestreuen und in 12–14 Minuten goldbraun backen.

Von der Alm und aus dem Wald

Kas & Topfen, Wild, Schwammerl & Holler –
Spezialitäten direkt aus der wilden Natur

KAPITEL 2

Deine
auf ewig
Sarah
P

ÖSTERREICH ist ein Almenland. Milch, Käse, Topfen in allerbester Qualität von den Almkühen veredelt man in Kärnten zu den berühmten Kasnudeln und in Vorarlberg zur sahnigen Käsesuppe. Österreich ist auch ein Land der ausgedehnten Wälder – und so gibt es an Festtagen feines Wild. Selbst gesammelte Schwammerl und Wildfrüchte werden liebevoll für den Winter eingemacht.

Eingemachte Steinpilzpaste

50 g getrocknete Steinpilze
50 g gemahlene Haselnusskerne
1/2 Bund Petersilie
50 g würziger Bergkäse
1 Knoblauchzehe
1/2 TL abgezupfte Thymianblättchen
1/2 TL fein gehackte Rosmarinnadeln
70 ml Olivenöl
Salz, Pfeffer aus der Mühle
Olivenöl zum Abdecken

2 Gläser à 200 ml

30 Minuten + Einweichzeit

1. Die Steinpilze 30 Minuten in kaltem Wasser einweichen. In einem Topf 1/2 l Wasser aufkochen. Steinpilze 2 Minuten kochen, in ein Sieb abgießen und mit Küchenpapier abtrocknen. Die Haselnüsse bei schwacher Hitze unter Wenden hellbraun rösten, bis sie duften. Abkühlen lassen. Petersilie waschen und trocken tupfen, die Blätter grob hacken. Käse würfeln. Knoblauch schälen und mit den Steinpilzen grob hacken.

2. Die vorbereiteten Zutaten mit Thymian, Rosmarin und Olivenöl in einem Mixer zu einer feinen Paste pürieren. Mit Salz und Pfeffer würzen. Die Paste in ein Schraubglas füllen, glatt streichen und mit Olivenöl bedecken. Die Paste schmeckt aufs Brot, zu Antipasti oder mit etwas Nudelkochwasser verrührt als Pastasauce. Sie hält 1–2 Wochen im Kühlschrank.

Kapern aus Löwenzahnknospen

1 große Tasse geschlossene Löwenzahnknospen
etwa 1/8 l Weißweinessig
1/2 TL Salz
einige Pfefferkörner

2 Gläser à 250 ml

30 Minuten

1. Die Löwenzahnknospen waschen und trocken tupfen. Stängelreste und die abstehenden grünen Kelchblätter entfernen. Essig und Salz zum Kochen bringen und die Knospen zugeben. Einmal aufkochen lassen und abseihen, dabei den Essig auffangen.

2. Die Kapern in sterilisierte Gläser mit Schraubdeckel füllen, die Pfefferkörner zugeben. Den Essig erneut aufkochen und über die Löwenzahnknospen gießen. Wenn die Knospen nicht bedeckt sind, etwas Essig aufkochen und zugeben. Gläser gut verschließen und an einen kühlen und dunklen Ort stellen. Etwa 2 Wochen ziehen lassen. Die Löwenzahnkapern schmecken mit Häppchen zum Aperitif. Mit ihrem bitter-sauren Geschmack geben sie auch Salaten und Eiergerichten eine besondere Würze.

Der Pilzsammler
Illustrierte Taschenbücher für die Jugend

Maronisalat

400 g Maroni (Esskastanien; geschält)
Salz
4 Stangen Staudensellerie
2 rotschalige Bio-Äpfel
Saft von ½–1 Zitrone
Pfeffer aus der Mühle
2 EL Nussöl

Zum Anrichten:
einige Blätter Endiviensalat
2 EL Walnusskerne

4 Personen
30 Minuten

1. Die Maroni in kochendem Salzwasser in etwa 15 Minuten weich garen. In der Zwischenzeit den Sellerie waschen und putzen. In dünne Scheibchen schneiden. Eventuell vorhandenes Selleriegrün fein schneiden und beiseitelegen. Die Äpfel waschen und trocken reiben. Halbieren, vierteln und vom Kerngehäuse befreien. Die Viertel in Scheiben schneiden und mit etwas Zitronensaft beträufeln.

2. Die gekochten Maroni abgießen, kalt abschrecken und nach Belieben in dünne Scheibchen schneiden. Mit Sellerie und Äpfeln vermischen. Aus Salz, Pfeffer, dem restlichen Zitronensaft und dem Nussöl eine Salatsauce rühren.

3. Den Endiviensalat waschen, trocken schleudern und auf Tellern ausbreiten. Den Maronisalat darauf anrichten. Mit der Salatsauce beträufeln und mit Walnusskernen und Selleriegrün garnieren.

Steinpilzsalat

2 reife Paradeiser (Tomaten)
Saft von ½ Zitrone
Salz, Pfeffer aus der Mühle
6 EL Olivenöl
12 schöne, feste, kleine Steinpilze
1 EL Schnittlauchröllchen
etwa 80 g Parmesan

4 Personen
25 Minuten

1. Paradeiser waschen, vierteln und den Stielansatz entfernen. Die Kerne herauskratzen und in einem Sieb mit dem Löffel ausdrücken, den Saft auffangen. Das Paradeisfruchtfleisch in feine Würfel schneiden. Paradeissaft mit Zitronensaft, Salz, Pfeffer und Olivenöl verrühren.

2. Steinpilze putzen und die Kappen mit einem feuchten Tuch abreiben. Die Stiele mit einem scharfen Messer dünn schälen. Steinpilze in sehr dünne Scheiben schneiden oder hobeln.

3. Die Steinpilze auf Tellern ausbreiten und kurz vor dem Servieren mit den Paradeiswürfelchen bestreuen. Die Vinaigrette gleichmäßig darüber verteilen. Die Schnittlauchröllchen darüberstreuen und den Parmesan darüberhobeln. Sofort servieren.

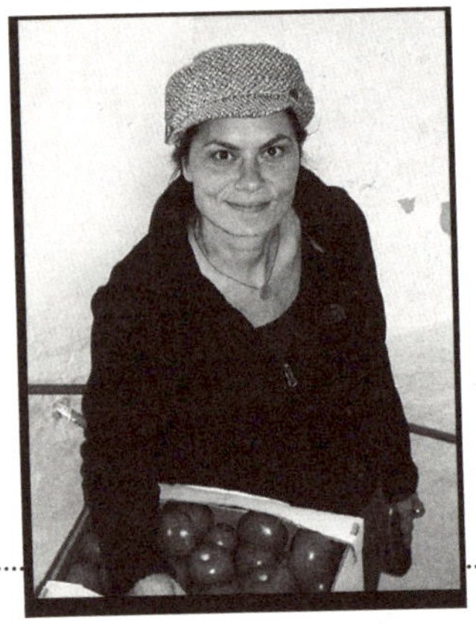

*„**BEI MARGOT FISCHER** würde ich gerne in die Lehre gehen. Sie weiß unglaublich viel über Wildkräuter, Wurzeln und Früchte. Sie geht mit mir im Prater spazieren, mitten in Wien, und lässt mich hundert neue Pflanzen und essbare Genüsse entdecken. Margot kocht auch sehr gern und weckt Beeren und Kräuter zu Säften, Kompott und vielem anderen ein. Wenn ich exotische Gewürze durch regionale ersetzen möchte, dann spreche ich mit Margot, und eine ganz neue, aufregende Welt entfaltet sich vor mir. Ich bin sehr froh, dass ich sie kennenlernen durfte.“*

Brennnesselblätter in Bierteig

von Margot Fischer, Wien

1–2 Handvoll junge Brennnesselblätter
125 g Mehl
1 EL Rohrzucker
Salz
Muskatnuss
1 Ei
etwa 1/4 l helles Bier
1 EL Pflanzenöl
evtl. 1 l Pflanzenöl zum Ausbacken

4 Personen
45 Minuten

1. Die Brennnesselblätter auf einem großen Brett ausbreiten und mit dem Nudelholz einmal darüberrollen, um die Brennhaare außer Gefecht zu setzen.

2. Für den Bierteig Mehl, Zucker, eine Prise Salz und Muskatnuss in einer Schüssel mischen. Das Ei trennen. Eidotter und so viel Bier zum Mehl geben, dass sich ein dickflüssiger Teig daraus rühren lässt. Das Pflanzenöl unterrühren. Das Eiklar steif schlagen und unterheben.

3. Die Brennnesselblätter entweder im Backofen backen oder in Öl frittieren. Also entweder ein Backblech mit Backpapier auslegen und den Backofen auf 200 °C vorheizen. Oder in einem hohen Topf das Pflanzenöl erhitzen, bis an einem eingetauchten Kochlöffelstiel aus Holz Bläschen aufsteigen.

4. Die Brennnesselblätter nacheinander durch den Bierteig ziehen. Auf das Backblech legen und im Backofen goldgelb backen oder im heißen Öl portionsweise ausbacken und auf Küchenpapier abtropfen lassen. Warm oder kalt servieren.

Tipp: Dazu einen Dip aus cremig gerührtem Sauerrahm servieren, abgeschmeckt mit Salz und Pfeffer und fein geschnittener Gundelrebe und Quendel. Wenn Sie diese Wildkräuter nicht bekommen, nehmen Sie ersatzweise Thymianblättchen.

„ICH HABE IMMER *noch so eine große Faszination, dass ich einfach rausgehe in die Natur und etwas pflücke. Etwas benutze, was einfach da steht und da einfach wächst. Und daher kommt auch meine Vorliebe für die Wildkräuter. Ob das die Brennnessel ist, oder ob das der Giersch ist oder die Vogelmiere, die ich liebe! Ich kann mich dem nicht entziehen.*"

Neunerlei-Wildkräuter-Suppe

von Margot Fischer, Wien

2 Handvoll Wildkräuter (siehe Tipp)
1 Bund Petersilie
1 Zwiebel
50 g Butter
2 EL Mehl
1 l Gemüsesuppe (-brühe)
1/4 l Milch
Salz, Pfeffer aus der Mühle
Muskatnuss

Zum Garnieren:
Wildblüten (z. B. Gänseblümchen, Taubnesselblüten, Sauerklee) und Schafgarbenblättchen

4 Personen

30 Minuten

1. Alle Wildkräuter und die Petersilie waschen, trocken tupfen und die Blättchen abzupfen bzw. harte Stiele entfernen. Alle Kräuter fein hacken.

2. Die Zwiebel schälen und fein hacken. Die Butter erhitzen und die Zwiebel darin andünsten. Das Mehl einrühren und kurz anschwitzen. Nach und nach die Suppe zugießen, dabei ständig rühren, damit keine Klümpchen entstehen. Die Kräuter einrühren und die Suppe etwa 5 Minuten leise kochen lassen. Die Milch zugeben.

3. Noch einmal kurz aufkochen lassen, mit Salz, Pfeffer und frisch geriebener Muskatnuss abschmecken. Die Suppe nach Belieben mit dem Mixstab pürieren.

4. In vorgewärmte tiefe Teller füllen und mit den Wildblüten und Schafgarbenblättchen bestreuen.

Tipp: Nehmen Sie eine bunte Mischung von essbaren Wildkräutern, die Sie finden können, zum Beispiel Giersch, Sauerampfer, Löwenzahn oder Zichorie, Taub- oder Brennnessel, Kleine Bibernelle oder Wiesenknopf, Bachbunge oder Gänseblümchen, Felsen-Mauerpfeffer, Schafgarbe, Sauerklee, Vogelmiere. Achten Sie nur darauf, bittere und scharfe, milde und süßliche Kräuter gut zu mischen. Wenn Sie unsicher sind – einfach ausprobieren. Die Suppe schmeckt immer wieder anders.

Käsesuppe mit Knoblauchkrusteln

1 kleine Zwiebel, 4 EL Butter
1/2 l Fleischsuppe (-brühe)
1/8 l trockener Weißwein
250 g Obers (Sahne)
120 g Bergkäse
120 g Emmentaler
2 altbackene Semmeln oder
4 Scheiben Weißbrot
1 Knoblauchzehe
1 Bund Schnittlauch
Salz, Pfeffer aus der Mühle
Muskatnuss
2 EL Schlagobers (geschlagene Sahne)

4 Personen

35 Minuten

1. Die Zwiebel schälen und sehr fein hacken. 1 EL Butter in einem großen Topf erhitzen und die Zwiebel darin andünsten. Fleischsuppe, Weißwein und Obers zugießen. Zum Kochen bringen, die Hitze reduzieren und die Flüssigkeit etwas einkochen lassen.

2. In der Zwischenzeit beide Käse fein reiben. Die Semmeln oder das Weißbrot in Würfel schneiden. Die übrigen 3 EL Butter in einer Pfanne erhitzen. Den Knoblauch schälen, vierteln und zugeben. Die Semmelwürfel in der Knoblauchbutter rundherum goldbraun braten. Schnittlauch waschen, trocken tupfen und in Röllchen schneiden.

3. Den Käse in die Suppe rühren, bis er geschmolzen ist. Die Suppe mit Salz, Pfeffer und Muskatnuss abschmecken. Schlagobers unterheben. Die Suppe auf vorgewärmte tiefe Teller verteilen, mit Brotkrusteln und Schnittlauch bestreut servieren.

Eierschwammerlsuppe

250 g Eierschwammerl (Pfifferlinge)
1 kleine Zwiebel
250 g mehligkochende Erdäpfel (Kartoffeln)
2 EL Butter
3/4 l Pilzfond
Salz, Pfeffer aus der Mühle
2 EL trockener Sherry
2 EL gehackte Petersilie

4 Personen

40 Minuten

1. Die Eierschwammerl säubern und je nach Größe halbieren oder vierteln. Die Zwiebel schälen und fein hacken. Die Erdäpfel schälen und in Würfel schneiden. Die Butter in einem großen Topf erhitzen. Die Hälfte der Schwammerl darin rundherum anbraten. Herausnehmen und warm stellen. Zwiebel und Erdäpfel ins heiße Fett geben und unter Rühren kurz andünsten. Mit dem Pilzfond ablöschen und zugedeckt bei schwacher Hitze etwa 15 Minuten kochen lassen.

2. Die übrigen Schwammerl in kleine Würfel schneiden und zur Suppe geben. Die Suppe mit dem Mixstab pürieren und schaumig aufschlagen. Nochmals aufkochen lassen und mit Salz, Pfeffer und Sherry abschmecken. Die angebratenen Eierschwammerl in die Suppe geben und kurz erhitzen. Die Suppe auf vorgewärmte tiefe Teller verteilen und mit Petersilie bestreuen.

Schwammerlgulasch

500 g Eierschwammerl (Pfifferlinge) oder gemischte Waldschwammerl
1 Zwiebel
2 Knoblauchzehen
1 Bund Petersilie
2 EL Butter
2 TL edelsüßes Paprikapulver
1/2 l Gemüsesuppe (-brühe)
200 g Obers (Sahne)
Salz, Pfeffer aus der Mühle

4 Personen
45 Minuten

1. Die Schwammerl säubern und in größere Stücke schneiden, Eierschwammerl halbieren oder vierteln. Zwiebel und Knoblauch schälen und fein hacken. Petersilie waschen, trocken tupfen, die Blätter abzupfen. Blätter und Stängel getrennt sehr fein schneiden.

2. Die Butter in einem breiten Topf erhitzen. Zwiebel und Knoblauch darin andünsten. Schwammerl und Petersilienstängel zugeben und bei mittlerer Hitze unter gelegentlichem Umrühren etwa 10 Minuten schmoren, bis die entstandene Flüssigkeit verdampft ist.

3. Mit dem Paprikapulver bestreuen und die Gemüsesuppe zugießen. Aufkochen lassen, die Temperatur reduzieren und das Gulasch bei mittlerer Hitze weitere 10 Minuten kochen lassen. Obers und Petersilienblättchen unterrühren, mit Salz und Pfeffer abschmecken und noch einmal heiß werden lassen.

Fleckerl mit Eierschwammerln

400 g Eierschwammerl (Pfifferlinge)
2 rote Zwiebeln, 1 Knoblauchzehe
1 kleiner Zucchino
Salz
400 g Fleckerlnudeln (gekauft oder selbst gemacht, Seite 27; ersatzweise Farfalle)
2–3 EL Butterschmalz oder Olivenöl
50 ml Weißwein
100 g Obers (Sahne)
1/2 Bund Schnittlauch
Pfeffer aus der Mühle
50 g Bergkäse

4 Personen
45 Minuten

1. Die Schwammerl säubern und halbieren. Zwiebeln und Knoblauch schälen und fein hacken. Den Zucchino waschen, putzen und in kleine Würfelchen schneiden. Reichlich Wasser für die Nudeln zum Kochen bringen und salzen. Die Nudeln darin bissfest garen, abgießen.

2. Während die Nudeln kochen, Schmalz oder Öl erhitzen und Zwiebeln und Knoblauch darin anbraten. Zucchini und Schwammerl zugeben und schmoren, bis die entstandene Flüssigkeit verkocht ist. Mit Weißwein ablöschen, Obers zufügen und die Flüssigkeit aufkochen lassen.

3. Den Schnittlauch waschen, trocken tupfen und in Röllchen schneiden. Die Sauce mit Salz und Pfeffer würzen. Die Fleckerl mit der Sauce vermischen und mit Schnittlauch und frisch gehobeltem Bergkäse bestreut servieren.

„KÄRNTNER KASNUDELN gehören zu den wunderbar vielfältigen Klassikern der österreichischen Küche. Es gibt so viele Rezepte dafür, wie es Dörfer in Kärnten gibt. Die besten Kasnudeln habe ich im ‚Gasthaus Sicher' in Tainach gegessen. Kombiniert mit Gurkensalat und dem herrlichen hauseigenen Saiblingskaviar ist das Gericht ein Gedicht. Mich hat das Rezept so beeindruckt, dass ich es jetzt als Klassiker auf der Abendkarte in meinem Berliner Restaurant ‚Das Speisezimmer' stehen habe."

Kärntner Kasnudeln

Für den Nudelteig:
250 g griffiges Mehl (Type 550)
1 Ei (Größe L)
1 EL Pflanzenöl
Salz

Für die Füllung:
300 g mehligkochende Erdäpfel (Kartoffeln)
100 g altbackene Semmeln (etwa 2 Stück)
etwa 100 ml Milch
2 Knoblauchzehen
1 Bund Kerbel
1 Bund Kärntner Nudelminze (ersatzweise 1/2 Bund Pfefferminze und 1/2 Bund Petersilie)
2 EL Butter
250 g Topfen (Quark; Magerstufe)
Salz, Pfeffer aus der Mühle
Muskatnuss

Zum Servieren:
100 g Butter
1 Bund Schnittlauch

4 Personen

1 Stunde 50 Minuten

1. Zuerst für die Füllung die Erdäpfel mit Schale garen. Abgießen, schälen und durch die Presse drücken. Abkühlen lassen. Die Semmeln klein würfeln. Die Milch erwärmen und darübergießen. Zugedeckt durchziehen lassen. Bei sehr trockenen Semmeln evtl. mehr Milch zufügen. Die Semmelwürfel sollen gut durchfeuchtet, aber nicht nass sein.

2. Für den Nudelteig das Mehl mit Ei, Öl, 1/2 TL Salz und etwa 150 ml lauwarmem Wasser zu einem weichen Nudelteig verkneten. Diesen zu einer Kugel formen und unter einer angewärmten Porzellanschüssel mindestens 30 Minuten ruhen lassen.

3. Den Knoblauch schälen und fein hacken. Die Kräuter waschen, Blätter abzupfen und fein schneiden. Die Butter erhitzen, Knoblauch und Kräuter darin kurz andünsten. Vom Herd nehmen. Semmelwürfel, Erdäpfel, Topfen und die Knoblauch-Kräuter-Mischung verrühren. Mit Salz, Pfeffer und Muskatnuss würzen.

4. Den Nudelteig mithilfe der Nudelmaschine dünn ausrollen und etwa 40 Kreise von 8–10 cm Durchmesser ausstechen. Je 1 EL Füllung in die Mitte geben und die Kreise zu halbkreisförmigen Taschen zusammenklappen. Die Ränder fest zusammendrücken.

5. In einem großen Topf reichlich Wasser zum Kochen bringen und salzen. Die Kasnudeln darin portionsweise etwa 10 Minuten leise kochen lassen, mit einer Schaumkelle herausnehmen, abtropfen lassen und warm halten. Inzwischen die Butter zum Servieren zerlassen und den Schnittlauch in Röllchen schneiden. Die Nudeln mit Butter und Schnittlauch servieren.

Maibock im Kranewittenschmalz
mit zsammgelegten Knödeln

von Christian Übeleis, Fischbach

Für den Maibock:
1 Rehschlegel (etwa 1 kg, ausgelöst)
Salz, Pfeffer aus der Mühle
2 kg Schweineschmalz
100 g Wacholderbeeren
3 Knoblauchzehen
3 kleine Tannenzweige
(je etwa 20 cm lang)
2 Zweige Rosmarin
3 Zweige Thymian
50 g grobes Meersalz

Für die zsammgelegten Knödel:
300 g griffiges Mehl (Type 550)
2 Eier
3 EL Öl
Salz
50 g Schweineschmalz
250 g in Würfel geschnittenes
Bauernbrot mit Rinde
½ Zwiebel
1 Knoblauchzehe
Pfeffer aus der Mühle
3 EL Hartweizengrieß
100 g heiße braune Butter
1 EL gehackte Petersilie

4–5 Personen

2 Stunden 15 Minuten

1. Den Rehschlegel mit Salz und Pfeffer einreiben. Das Schmalz in einem hohen, ofenfesten Topf auf 80 °C erhitzen. Wacholderbeeren leicht zerdrücken, den Knoblauch schälen und zerdrücken. Wacholderbeeren und Knoblauch mit Tannenzweigen, Rosmarin, Thymian und Meersalz ins Schmalz geben und 15 Minuten ziehen lassen. Den Backofen auf 90 °C vorheizen. Den Rehschlegel in das Schmalz einlegen und im heißen Ofen 1½–2 Stunden garen.

2. Inzwischen für die Knödel das Mehl mit 1 Ei, dem Öl, einer Prise Salz und knapp 100 ml Wasser zu einem glatten, elastischen Teig verkneten. Unter einer angewärmten Porzellanschüssel etwa 30 Minuten ruhen lassen. Das Schmalz in einer Pfanne erhitzen. Das Bauernbrot dazugeben. Zwiebel und Knoblauch schälen, fein hacken, zu den Brotwürfeln geben und unter ständigem Rühren gut anbraten. Mit Salz und Pfeffer abschmecken, den Grieß unterrühren. Die Mischung vom Herd nehmen und etwas abkühlen lassen.

3. In einem großen Topf Wasser zum Kochen bringen und salzen. Den Knödelteig etwa 2 mm dick ausziehen und auf die Arbeitsfläche legen. Rechtecke von etwa 6 x 10 cm ausschneiden, das zweite Ei verquirlen und den Teig damit bestreichen. Die Brotfüllung darauf verteilen und die Päckchen zusammenrollen: zuerst die Längsseiten zur Mitte über die Füllung schlagen, obere und untere Seite zur Mitte falten, dann das Paket auf die Hälfte zusammenklappen.

4. Die Knödel ins kochende Wasser legen, die Hitze reduzieren und die Knödel in etwa 5 Minuten gar ziehen lassen. Mit einer Schaumkelle herausnehmen, kurz abtropfen lassen. Mit brauner Butter beträufeln und mit Petersilie bestreuen. Das Fleisch aus dem Schmalz nehmen und auf Küchenpapier abtropfen lassen. In Scheiben schneiden und mit den Knödeln servieren.

Berglamm im Kräuterheumantel
mit gefüllten Erdäpfeln

von Anna Holzer, Matrei/Osttirol

Für das Lamm:
1 kg gemischtes Lammfleisch (etwa 3 Stücke; aus Schlegel, Schulter, Rippen)
Salz, Pfeffer aus der Mühle
5 EL Öl
2–3 Handvoll Bergheu
2 Knoblauchzehen
2–3 EL scharfer Senf
2 Zwiebeln
50 g Karotten
50 g Knollensellerie
1/2 l Fleischsuppe (-brühe)
je 1 Zweig Liebstöckel, Rosmarin und Salbei
125 g Obers (Sahne)
1 Schuss Rotwein (50–100 ml)

Für die gefüllten Erdäpfel:
4 große Erdäpfel (Kartoffeln)
1 Handvoll gemischte Kräuter (z. B. Schnittlauch, Bärlauch, Gundelrebe, Brennnessel, Giersch, Sauerampfer, Gänseblümchen)
250 g Topfen (Quark; 20 % Fett)
2–3 EL Milch
Salz, Pfeffer aus der Mühle

Zum Garnieren:
1 Handvoll Bergheu
Blüten und Kräuter (z. B. Quendel, Salbei, Rosmarin)

4 Personen

1 Stunde + Garzeit

1. Den Backofen auf 200 °C vorheizen. Das Lammfleisch mit Salz und Pfeffer würzen und in einer Pfanne im heißen Öl rundherum anbraten. Einen Bräter mit dem Heu auslegen. Den Knoblauch schälen und durch die Presse drücken. Die Fleischstücke auf der Oberseite mit Senf und Knoblauch bestreichen und auf das Heu legen.

2. Zwiebeln schälen und grob hacken. Karotten und Sellerie putzen, schälen und in Stücke schneiden. Mit den Zwiebeln im Bratfett vom Lamm anbraten und mit der Fleischsuppe ablöschen. Gemüse zum Fleisch geben. Die Kräuterzweige zugeben und den Bräter in den Backofen schieben. Das Fleisch offen etwa 1 Stunde braten – die Garzeit hängt von der Größe der Stücke und dem Alter des Lamms ab. Das Fleisch zwischendurch wenden und mit dem Saft aus dem Bräter begießen.

3. In der Zwischenzeit die Erdäpfel in wenig Wasser garen. Die Kräuter waschen, trocken tupfen und fein hacken. Den Topfen mit etwas Milch cremig rühren. Mit Salz und Pfeffer würzen, die Kräuter unterrühren.

4. Das gegarte Fleisch aus dem Bräter nehmen und warm stellen. Den Bratensaft durch ein Sieb in einen Topf gießen und etwas einkochen lassen. Mit Obers, Rotwein, Salz und Pfeffer abschmecken.

5. Zum Servieren den Rand einer großen Platte dekorativ mit Heu auslegen. Die Fleischstücke in die Mitte legen und mit Blüten und Kräutern garnieren. Die Erdäpfel jeweils in der Mitte längs einschneiden und mit dem Kräutertopfen füllen. Neben die Fleischstücke legen. Die Sauce separat in einem vorgewärmten Gefäß servieren.

Fasan mit Petersilienknöderl
und Herbsttrompeten

von Petra Bader, Salzburg

Für den Fasan:
1 ganzer Fasan (ca. 850 g)
etwa 150 g Speck in Scheiben (Lardo)
4 Knoblauchzehen
4 EL Butterschmalz
1 TL Paradeismark (Tomatenmark)
Zucker
je 100 ml Portwein und Rotwein
$^1/_2$ l Geflügelsuppe (-brühe)
30 g kalte Butter
1 EL Preiselbeeren (aus dem Glas)

Für die Füllung:
1 Zwiebel, 1 Knoblauchzehe
70 g gemischte Waldschwammerl
2 EL Butterschmalz
1 altbackene Semmel
80 ml Milch
etwas getrockneter Thymian
Salz, Pfeffer aus der Mühle

Für die Petersilienknöderl:
3 altbackene Semmeln
etwa 100 ml Milch
2 EL gehackte Petersilie
1 kleine Zwiebel, 1 EL Butter
Salz, Pfeffer aus der Mühle
Muskatnuss
1 EL Mehl, 2 Eier

Für die Herbsttrompeten:
100 g Herbsttrompeten
2 EL Olivenöl
Salz

2 Personen als Hauptgericht
4 Personen als ein Gang im mehrgängigen Menü

2 Stunden 30 Minuten

1. Den Fasan zerteilen: Brust und Haxerl (mit Haut) zum Braten herrichten, Knochen auslösen. Die Brustfilets in die Speckscheiben wickeln und alles kalt stellen. Flügel, Hals, Karkasse und 3 ungeschälte Knoblauchzehen in 2 EL heißem Butterschmalz anbraten. Paradeismark und 1 Prise Zucker zugeben. Mit Portwein und Rotwein ablöschen, Geflügelsuppe zugeben und etwa 1 Stunde leise kochen lassen. Den Fond abseihen und 20 Minuten einkochen lassen.

2. Inzwischen für die Füllung Zwiebeln und Knoblauch schälen und klein schneiden. Schwammerl säubern und klein schneiden. Alles im Butterschmalz anbraten. Die Semmel würfeln. Die Milch erhitzen. Zwiebel, Knoblauch, Schwammerl, Thymian, Salz und Pfeffer zugeben und verkneten. In die Haxerln füllen und mit Holzstäbchen verschließen.

3. Für die Knöderl die Semmeln würfeln. Die Milch erhitzen, Petersilie zugeben. Die Zwiebel schälen und fein hacken, in der heißen Butter andünsten. Milch, Zwiebel, Salz, Pfeffer und Muskatnuss zu den Semmeln geben. Mehl und Eier zugeben und gut verkneten, golfballgroße Knöderl formen und ruhen lassen.

4. Den Backofen auf 180 °C vorheizen. Die Haxerl und die Brüste in den übrigen 2 EL Butterschmalz anbraten. In einen Bräter legen und im Ofen 7–8 Minuten braten. Die Temperatur auf 120 °C reduzieren und das Fleisch nochmals 7–8 Minuten braten.

5. In einem Topf Wasser zum Kochen bringen, salzen, die Knöderl einlegen und bei schwacher Hitze 15 Minuten ziehen lassen. Die Schwammerl säubern, halbieren und im heißen Olivenöl anbraten. Salzen.

6. Fleisch herausnehmen und 10 Minuten abgedeckt ruhen lassen. Fond aufkochen, kalte Butter einrühren und mit Salz, Pfeffer und Preiselbeeren abschmecken. Fleisch in Scheiben geschnitten mit Knöderln, Herbsttrompeten und Sauce servieren.

Hollerkoch mit Grießschnitten

Für das Hollerkoch:
500 g Holunderbeeren
100 g Zucker
1 Handvoll Zwetschgen
2 reife Birnen
1 Stück Bio-Orangenschale
½ Zimtstange
2 Gewürznelken

Für die Grießschnitten:
1 l Milch
250 g Grieß
3 EL Zucker
5 Eier
abgeriebene Schale von 1 Bio-Zitrone
etwa 100 g Semmelbrösel
etwa 100 g gemahlene Haselnusskerne
etwa 200 g Butterschmalz zum Ausbacken
gemahlener Zimt und Zucker zum Bestreuen

4 Personen als süßes Hauptgericht
6–8 Personen als Dessert

1 Stunde + Kühlzeit

1. Die Holunderbeeren abzupfen und mit ¼ l Wasser und dem Zucker in einen Topf geben. Die Zwetschgen waschen, halbieren und entkernen. Die Birnen schälen, vierteln, vom Kerngehäuse befreien und in Scheibchen schneiden. Orangenschale, Zimtstange und Nelken in einen Teefilter oder ein Mullsäckchen geben. Holunderbeeren mit Zwetschgen, Birnen und dem eingehängten Teefilter zum Kochen bringen. Etwa 10 Minuten leise kochen lassen, bis die Beeren geplatzt und die Birnen weich sind. Die Gewürze entfernen, das Koch abkühlen lassen.

2. Für die Grießschnitten die Milch erhitzen und den Grieß einrühren. Den Deckel auflegen und den Brei auf der ausgeschalteten Herdplatte 10 Minuten ausquellen lassen. Zucker, 3 Eier und die Zitronenschale unterrühren. Eine Kastenkuchenform mit Frischhaltefolie auslegen. Den Grießbrei einfüllen, glatt streichen und mindestens 2 Stunden auskühlen lassen.

3. Aus der Form auf ein Brett stürzen, in fingerdicke Scheiben schneiden und diese halbieren. Die 2 übrigen Eier in einen tiefen Teller aufschlagen und verquirlen. In einem zweiten tiefen Teller die Semmelbrösel und die Haselnüsse vermischen. In einer Pfanne reichlich Butterschmalz erhitzen. Die Grießschnitten jeweils zunächst durch das Ei ziehen, dann in den Nussbröseln wenden und portionsweise im Butterschmalz von beiden Seiten goldgelb backen.

4. Zimt und Zucker gut mischen, die Grießschnitten sofort damit bestreuen und mit dem Hollerkoch servieren.

Joghurtparfait mit Holundersauce

Für das Joghurtparfait:
abgeriebene Schale von ½ Bio-Orange
250 g Naturjoghurt
5 Eidotter
50 g Rohrzucker, 150 g Zucker
150 g Obers (Sahne)

Für die Holundersauce:
¼ l Holundersaft, Saft von 1 Orange
30 g Zucker
1 kleines Stück Zimtstange
1 TL Speisestärke, 2 EL Rotwein

8 Personen

50 Minuten + Kühlzeit

1. Orangenschale und Joghurt verrühren. Eidotter und beide Zuckersorten über dem Wasserbad mit den Schneebesen des Handrührgeräts schaumig schlagen. Obers steif schlagen. Joghurt unter die Eidottermasse rühren, Obers unterheben. Die Parfaitmasse in eine Terrinenform füllen und mindestens 4 Stunden gefrieren.

2. Für die Sauce den Holundersaft mit Orangensaft, Zucker und Zimtstange in einem Topf aufkochen. Stärke mit Rotwein anrühren, einrühren und aufkochen lassen. Die Sauce abkühlen lassen, Zimtstange entfernen und die Sauce kühl stellen.

3. Das Parfait 15 Minuten vor dem Servieren herausholen und leicht antauen lassen. Zum Stürzen die Form kurz in heißes Wasser tauchen. Parfait auf ein Brett stürzen, in Scheiben schneiden und mit der Holundersauce servieren.

Holunderblütencreme mit Limette

6 Blatt Gelatine
400 ml Holunderblütensirup
(Seite 66 oder fertig gekauft)
Saft von ½ Limette
300 g Obers (Sahne)
2 Eiklar
80 g Zucker
100 ml Saft und abgeriebene Schale
von 2 Bio-Limetten
1 TL geriebener Ingwer

8 Personen

30 Minuten + Kühlzeit

1. 5 Blatt Gelatine in kaltem Wasser einweichen. 100 ml Holunderblütensirup in einem Topf erwärmen, nicht aufkochen. Gelatine gut ausdrücken und darin auflösen. Die Flüssigkeit durch ein feines Sieb zum restlichen Holunderblütensirup gießen, Limettensaft zugeben und kalt stellen, bis der Sirup am Rand zu gelieren beginnt. Inzwischen Obers steif schlagen. Eiklar mit 50 g Zucker steif schlagen. Ein Drittel des Schlagobers unter den Sirup rühren, restliches Obers und Eischnee unterheben. Die Creme in Schälchen füllen und mehrere Stunden kalt stellen.

2. Für den Spiegel die übrige Gelatine in kaltem Wasser einweichen. Limettensaft, Ingwer und restlichen Zucker erwärmen und durch ein Sieb passieren. Gelatine gut ausdrücken und in der Flüssigkeit auflösen. Den Saft etwas abkühlen lassen, Limettenschale einrühren. Sirup über einen Löffelrücken auf die Creme gießen. Dessert mindestens 15 Minuten kalt stellen, gut gekühlt servieren.

Löwenzahnhonig

etwa 1 kg frisch erblühte Löwenzahnblüten
3 Bio-Zitronen
500 g Zucker

etwa 1 l

1 Stunde + Ruhezeit

1. Die Löwenzahnblüten nicht waschen. Stielansätze und möglichst viele grüne Kelchblätter entfernen. Blüten in einen großen Topf geben und 2 l kaltes Wasser zugießen. Zum Kochen bringen und den Schaum abschöpfen. Die Zitronen heiß waschen und in Scheiben schneiden. Zu den Blüten geben und bei schwacher Hitze 30 Minuten kochen lassen. Abgedeckt einige Stunden ziehen lassen.

2. Die Flüssigkeit durch ein Sieb abgießen und mit dem Zucker vermischt in einen Topf geben. Aufkochen und bei schwacher Hitze kochen lassen, bis die Mischung eindickt und eine Konsistenz wie flüssiger Honig hat. Dabei ab und zu umrühren, damit nichts anbrennt. Den Honig in sterilisierte Gläser füllen und dunkel aufbewahren.

Holunderblütensirup

gut 3 Handvoll Holunderblüten
2 Bio-Zitronen
1 kg Zucker
25 g Zitronen- oder Weinsteinsäure (Apotheke)

etwa 2 l

30 Minuten + Ruhezeit

1. Die Holunderblüten nicht waschen und nur leicht ausschütteln, damit möglichst wenig Blütenstaub verloren geht, der transportiert nämlich den Geschmack. Die dicken Stängel mit einer Schere abschneiden, Insekten entfernen.

2. Die Zitronen heiß waschen und in Scheiben schneiden. Holunderblüten mit Zucker, Zitronenscheiben, Zitronen- oder Weinsteinsäure und 1 l Wasser in eine große Porzellanschüssel geben. Abgedeckt an einem kühlen Ort 2 Tage ziehen lassen. Dabei mehrmals umrühren, damit sich der Zucker auflöst. Den Sirup durch ein Tuch filtern und in sterilisierte Flaschen füllen. Dunkel und kühl lagern.

Löwenzahn
Holler
Löwenzahn

Hagebuttenmarmelade

700 g Hagebutten
400 g Zucker
Saft von 1 Zitrone

3–4 Gläser à 250 ml

mehrere Stunden zum Säubern der Hagebutten + Einkochzeit

1. Die Hagebutten waschen und abtrocknen. Stiel- und Blütenansatz entfernen. Die Hagebutten halbieren und die Kerne und Härchen auskratzen. Hagebuttenhälften gründlich waschen und mit ¼ l Wasser in einem Topf langsam erhitzen. Die Hagebutten in 15–45 Minuten weich kochen (je nach Reife und Sorte kürzer oder länger), eventuell noch ein wenig Wasser zugeben.

2. Die weichen Hagebutten mit dem Mixstab pürieren. Zucker und Zitronensaft dazugeben und das Ganze unter Rühren noch einmal aufkochen lassen. Bei schwacher Hitze bis zur gewünschten Dicke einkochen lassen. In sterilisierte Gläser füllen und dunkel aufbewahren.

Holunderblütengelee

etwa 3 Handvoll Holunderblüten
800 ml naturtrüber Apfelsaft
1 Bio-Zitrone
500 g Gelierzucker 2:1 (für ¾ l Saft)

4 Gläser à 250 ml

20 Minuten + Ruhezeit

1. Die Holunderblüten nicht waschen und nur leicht schütteln, damit möglichst wenig Blütenstaub verloren geht, der transportiert nämlich den Geschmack. Die dicken Stängel mit einer Schere abschneiden, eventuell vorhandene Insekten entfernen. Die Blüten in einer Schüssel mit dem Apfelsaft übergießen. Die Zitrone waschen und die Schale spiralförmig abschälen. Zu den Blüten geben. Abgedeckt an einem kühlen Ort 24 Stunden ziehen lassen.

2. Am nächsten Tag den Saft durch ein Mulltuch in einen Topf abseihen. Die Zitrone auspressen und den Saft sowie den Gelierzucker zugeben und unter Rühren erhitzen. Sobald das Gelee sprudelnd kocht, weitere 3 Minuten unter Rühren kochen lassen. Vom Herd nehmen. Das Gelee in sterilisierte Gläser füllen und erkalten lassen. Dunkel und kühl lagern.

Hasenöhrl

250 g Mehl
50 g Butter
2 EL Sauerrahm
2 Eier
1 Eidotter
Salz

Außerdem:
Mehl für die Arbeitsfläche
Butterschmalz zum Ausbacken
evtl. Staubzucker zum Bestäuben

etwa 12 Stück

1 Stunde

1. Das Mehl auf ein Arbeitsbrett häufen, die Butter in Flöckchen daraufsetzen. Beides mit den Fingern verreiben. Sauerrahm, Eier, Eidotter und Salz unterkneten, bis ein glatter Teig entstanden ist. Den Teig zugedeckt 15 Minuten kühl stellen. Dann auf einer bemehlten Arbeitsfläche etwa messerrückendick ausrollen. Mit einem Teigrädchen etwa 12 Dreiecke ausschneiden, die mit etwas Fantasie die Form von Hasenohren haben: also zwei lange Seiten und eine kurze.

2. So viel Butterschmalz in einem Topf erhitzen, dass es mindestens 2–3 cm hoch steht: Die Hasenöhrl sollen darin schwimmen können. Das Schmalz so stark erhitzen, bis an einem hineingehaltenen Holzkochlöffel Bläschen aufsteigen. Die Hasenöhrl portionsweise hineingeben und goldbraun ausbacken. Wenden und auf der anderen Seite auch goldbraun ausbacken. Fertige Hasenöhrl mit der Schaumkelle herausholen und auf Küchenpapier abtropfen lassen. Ganz heiß mit Sauerkraut servieren oder mit Staubzucker bestäubt zum Kaffee genießen.

Almnüsse

125 g Zucker
1 Päckchen Vanillezucker
2 Eier, 3 EL Obers (Sahne)
2 TL abgeriebene Bio-Zitronenschale
2 cl Rum, 300 g Mehl

Außerdem:
Butterschmalz zum Ausbacken
Staubzucker zum Bestäuben

etwa 40 Stück

30 Minuten

1. Zucker und Vanillezucker mit den Eiern cremig rühren. Obers, Zitronenschale und Rum untermischen. Das Mehl unterrühren.

2. Das Schmalz in einem Topf erhitzen, bis an einem eingetauchten Holzkochlöffel kleine Bläschen aufsteigen. Von dem Teig mit einem Teelöffel etwa walnussgroße Stücke abstechen und ins heiße Fett gleiten lassen. Rundherum goldbraun ausbacken. Auf diese Weise den gesamten Teig verarbeiten.

3. Die Almnüsse nach dem Ausbacken auf Küchenpapier abtropfen lassen. Ganz frisch mit Staubzucker bestäubt servieren.

Die Helden vom Bauernhof

Gutes aus Stall & Garten, von Feld & Acker – Bauernhofküche mit Gartengemüse und Gänsebraten

KAPITEL 3

BERGIG, HÜGELIG, LÄNDLICH – *so ist Österreich in weiten Teilen immer noch, zum Glück! Die Bauern haben seit jeher nicht nur die Täler bewirtschaftet, sondern ihre Höfe auch an die sonnenverwöhnten Hänge gebaut. Und so gedeihen Obst und Gemüse, oft von mediterraner Qualität, und in den Ställen und den lichten Wäldern leben glückliche Gänse, Hendl und Schweine, deren Fleisch so gut schmeckt, wie es nur bei artgerechter Haltung möglich ist.*

Petersilienpaste

80 g Walnusskerne
2 große Bund Petersilie
(insgesamt etwa 150 g)
80 g Bergkäse, 2 Knoblauchzehen
1/8 l Olivenöl
Salz, Pfeffer aus der Mühle
Olivenöl zum Bedecken

2 Gläser à 250 ml

20 Minuten

1. Die Walnusskerne in einer Pfanne bei schwacher Hitze etwa 5 Minuten unter gelegentlichem Wenden rösten. Abkühlen lassen. Petersilie waschen und trocken tupfen. Blätter abzupfen und hacken. Bergkäse würfeln, Knoblauch schälen und hacken.

2. Alle vorbereiteten Zutaten mit dem Olivenöl in einen Mixer geben und zu einer feinen Paste pürieren. Mit Salz und Pfeffer würzen. Die Paste in zwei sterilisierte Gläser füllen; es sollten keine Lufteinschlüsse in der Paste sein. Die Oberfläche glatt streichen und mit Olivenöl bedecken.

Paradeiserpaste

100 g getrocknete Paradeiser
(Tomaten)
Salz
80 g würziger Bergkäse
2 Knoblauchzehen
2 EL Kapern
100 ml Olivenöl
Pfeffer aus der Mühle
evtl. Zucker
Olivenöl zum Bedecken

2 Gläser à 250 ml

20 Minuten

1. Die Paradeiser in reichlich sprudelndem Salzwasser 3 Minuten kochen. Auf ein Sieb gießen, abtropfen lassen und zum Trocknen zwischen zwei Lagen Küchenpapier legen. Den Bergkäse in grobe Stücke schneiden. Knoblauch schälen und fein hacken. Paradeiser ebenfalls hacken und alle Zutaten mit den Kapern und dem Olivenöl in einen Mixer geben. Zu einer homogenen Paste mixen, mit Pfeffer und eventuell etwas Zucker abschmecken.

2. Die Paste in zwei sterilisierte Gläser füllen, die Oberfläche glatt streichen und mit Olivenöl bedecken. Im Kühlschrank hält sich die Paste mehrere Wochen. Sobald Paste entnommen wurde, den Rand sorgfältig mit Küchenpapier abwischen und die Paste wieder mit einer Schicht Olivenöl bedecken. Aus den Pasten lassen sich schnelle Nudelsaucen rühren: 2 EL Kochwasser im Teller mit 1 EL Paste verrühren und die heißen Nudeln untermischen.

„BEI CHRISTIAN GÖTTFRIED *habe ich die beste Biersuppe meines Lebens gegessen. Er serviert sie mit kleinen Erdäpfelknödeln darin, die die leichte Bitterkeit perfekt mildern, und mit gerösteten Brotkrusteln. Experimente mit verschiedenen Sorten Bier lassen die Suppe immer wieder anders schmecken.“*

Biersuppe mit Erdäpfelknöderln
und Brotkrusteln

von Christian Göttfried, Alkoven

Für die Suppe:
60 g Butter
60 g Mehl
½ l Fleischsuppe (-brühe)
½ l helles Bier
3 Lorbeerblätter
½ Zimtstange
Salz, Pfeffer aus der Mühle
2 Eidotter
500 g Obers (Sahne)

Für Erdäpfelknöderl und Brotkrusteln:
500 g Erdäpfel (Kartoffeln)
125 g durchwachsener Räucherspeck
3 Eidotter
140 g griffiges Mehl (Type 550)
Salz
Muskatnuss
4 Scheiben altbackenes Brot
2 Knoblauchzehen
3 EL Butter

Außerdem:
2 EL Schnittlauchröllchen

4 Personen

1 Stunde 15 Minuten + Abkühlzeit

1. Zunächst für die Knödel die Erdäpfel mit Schale in ausreichend Wasser in 20–30 Minuten weich kochen, ausdampfen lassen, schälen und abgedeckt völlig erkalten lassen. Den Speck klein würfeln und in einer Pfanne anbraten, herausnehmen und abkühlen lassen. Die Pfanne mit Fett wird noch gebraucht. Die kalten Erdäpfel durch die Presse drücken und mit Eidotter, Mehl, Salz und Muskat zu einer glatten Masse verkneten.

2. Reichlich Wasser zum Kochen bringen und salzen. Von der Erdäpfelmasse jeweils 1 EL abstechen, in der Hand zu einem Fladen drücken und mit 1 TL Speckwürfelchen belegen. Die Erdäpfelmasse über der Füllung zusammendrücken, die Knödel rund formen, ins sprudelnd kochende Wasser legen und die Hitze reduzieren. Die Knödel in etwa 10 Minuten gar ziehen lassen. Mit der Schaumkelle herausnehmen, abtropfen lassen und warm halten.

3. Für die Suppe die Butter erhitzen, Mehl einrühren und goldgelb anschwitzen. Nach und nach mit Fleischsuppe und Bier aufgießen. Immer wieder glatt rühren. Lorbeer, Zimtstange, Salz und Pfeffer zugeben, die Suppe 30 Minuten leise kochen lassen.

4. Inzwischen für die Krusteln das Brot würfeln, den Knoblauch halbieren, die Butter in der Speckpfanne zerlassen. Knoblauch und Brotwürfel goldbraun rösten. Knoblauch entfernen.

5. Die Suppe durch ein Sieb passieren, Eidotter mit dem Obers verquirlen und durch ein Sieb in die Suppe rühren. Erhitzen, aber nicht mehr kochen lassen. Die Suppe auf vorgewärmte Teller oder Schüsseln verteilen, jeweils zwei oder drei Knödel hineingeben und mit den Krusteln und Schnittlauch bestreut servieren.

„GEFLÜGEL kaufe ich nur aus artgerechter Tierhaltung. Wenn ich mir vorstelle, dass ich so ein Suppenhuhn stundenlang auskoche, dann kann ich dafür nur ein glückliches Huhn verwenden. Ich freue mich jedes Mal an so einer duftenden Hühnersuppe, sie ist für mich ein Heilmittel bei Erkältungen und wärmt wunderbar in der kalten Jahreszeit."

Hühnersuppe

1 küchenfertige Poularde (etwa 2 kg)
1 Zwiebel
2 Gewürznelken
1 Lorbeerblatt
1 Zweig Thymian
3 Stängel Petersilie
10 Pfefferkörner
Salz
6 Karotten
etwa 300 g Knollensellerie
8 kleine Mairüben
4 Stangen Staudensellerie
4 dünne Stangen Lauch
reichlich gehackte Petersilie zum Bestreuen

4 Personen

45 Minuten + Kochzeit

1. Die Poularde innen und außen kalt abspülen und trocken tupfen. In einen großen Topf geben und mit Wasser gut bedecken. Das Wasser aufkochen, dann die Hitze etwas reduzieren und den aufsteigenden Schaum abschöpfen. Die Zwiebel schälen, mit den Gewürznelken spicken und zusammen mit dem Lorbeer, den Kräutern, den Pfefferkörnern und etwas Salz zur Poularde geben. Bei mittlerer Hitze 15 Minuten leise kochen lassen.

2. In der Zwischenzeit Karotten, Knollensellerie und Mairüben schälen. Staudensellerie und Lauch waschen und putzen. Das Gemüse in grobe Stücke schneiden und zur Poularde geben. Mindestens 1 Stunde kochen lassen, bis die Poularde gar ist. Die Poularde ist fertig, wenn Sie mit einer Fleischgabel tief in die dickste Stelle der Keule stechen und der austretende Fleischsaft hell und klar ist. Poularde aus dem Topf heben, das Fleisch von den Knochen lösen und in mundgerechte Stücke schneiden. Die gespickte Zwiebel und die Kräuter aus der Suppe fischen. Das Fleisch zurück in die Suppe geben. Mit Petersilie bestreut servieren.

VARIANTE

Kalbsfond: 250 g Suppenfleisch vom Kalb (Beinfleisch, Hals, Rippen) und 150 g Kalbsknochen waschen. Mit 1 1/2 l Wasser in einen großen Topf geben und zum Kochen bringen. 1 Karotte waschen, schälen und in Stücke schneiden. 2 Stängel Petersilie waschen. Karotte, Petersilie, 1/2 Zwiebel mit Schale, 1 Lorbeerblatt, 5 TL Pfefferkörner und 1/2 TL Salz zum Fleisch geben. Den Fond bei schwacher Hitze zugedeckt etwa 3 Stunden kochen lassen, dabei immer wieder den Schaum abschöpfen und heißes Wasser nachgießen. Fond durch ein feines Sieb gießen und abkühlen lassen. Er kann als feine Basis für Suppen und Saucen verwendet werden.

Steirische Kürbissuppe

500 g Kürbisfleisch (ohne Schale und Kerne gewogen)
1 Zwiebel, 1 Knoblauchzehe
2 EL Butter
$^1/_2$ l Gemüse- oder Fleischsuppe (-brühe)
1 Lorbeerblatt
200 g Obers (Sahne)
Salz, Pfeffer aus der Mühle
2 EL steirische Kürbiskerne
2 EL steirisches Kürbiskernöl

4 Personen

45 Minuten

1. Das Kürbisfleisch in etwa 3 cm große Würfel schneiden. Zwiebel und Knoblauch schälen und fein würfeln. Butter in einem Topf erhitzen und die Zwiebelwürfel darin andünsten. Nach etwa 2 Minuten Knoblauch und Kürbis zufügen und weitere 5 Minuten dünsten. Mit der Suppe auffüllen. Lorbeerblatt zufügen und die Suppe etwa 15 Minuten leise kochen lassen, bis das Kürbisfleisch weich ist. Obers zufügen und weitere 5 Minuten kochen.

2. Lorbeerblatt entfernen und die Suppe mit einem Mixstab fein pürieren. Mit Salz und Pfeffer abschmecken. Kürbiskerne grob hacken, in einer Pfanne im Kürbiskernöl leicht braten und salzen. Die heiße Suppe in vorgewärmte Suppenschalen füllen und mit Kürbiskernen und einem Spritzer Kürbisöl garniert servieren.

Radieschensuppe mit Kren

3–4 Bund Radieschen (etwa 400 g)
2 EL Zitronensaft
1 Zwiebel
2 EL Butter
3 EL Weißweinessig
$^3/_4$ l Kalbsfond (Seite 78)
250 g Obers (Sahne)
evtl. 4–5 EL Rote-Rüben-Saft
Salz, Pfeffer aus der Mühle

Zum Servieren:
evtl. 2 EL frisch geriebener Kren (Meerrettich)
2 EL Schnittlauchröllchen

4 Personen

40 Minuten

1. Radieschen waschen, putzen und halbieren. Mit Zitronensaft beträufeln. Zwiebel schälen, fein hacken und in der heißen Butter in einem großen Topf andünsten. Radieschen zugeben, andünsten und mit dem Essig ablöschen. Den Kalbsfond und das Obers zugeben und aufkochen. Zugedeckt bei schwacher Hitze 10–15 Minuten garen.

2. Sobald die Radieschen weich sind, die Suppe mit dem Mixstab pürieren – je früher, desto besser, weil dann die Farbe der Radieschen erhalten bleibt. Ist die Suppe sehr blass, eventuell mit Rote-Rüben-Saft nachhelfen. Die Suppe mit Salz und Pfeffer abschmecken. Den Kren erst unmittelbar vor dem Servieren reiben und auf die Suppenschalen verteilen. Die Suppe daraufschöpfen und mit Schnittlauch bestreut servieren.

Tipp: Wenn die Radieschen sehr scharf sind, kann man auf den geriebenen Kren verzichten.

„SPARGEL SCHMECKT nur gut, wenn er so frisch ist, dass die Stangen quietschen, wenn man sie aneinander reibt. Und so frischen Spargel gibt es nur in der Saison und aus der Region. In Norddeutschland nehme ich am liebsten Beelitzer Spargel, im Süden den aus Schrobenhausen. Und in Österreich gibt's zum Beispiel den guten Marchfeldspargel."

Kleine Spargelstrudel mit Wildkräutersalat

Für den Strudelteig:
250 g griffiges Mehl (Type 550)
2 EL Rapsöl oder zerlassenes Schmalz
1/2 TL Salz

Für die Füllung:
16 Stangen weißer Spargel (etwa 1 kg)
4 EL Butter
Salz, Zucker
abgeriebene Schale von 1 Bio-Orange

Für den Salat:
8 Wachteleier
2 Bund gemischte Wiesen- und Gartenkräuter (Wiesenkerbel, Taubnessel, Schafgarbe, Dill, Löwenzahn)
1 Bund Rucola
3 EL Balsamico-Essig
9 EL Olivenöl
5 EL Gemüsesuppe (-brühe)
1 TL Honig
Salz, Pfeffer aus der Mühle

Außerdem:
Mehl für die Küchentücher
2 Eidotter
2 EL Obers (Sahne)

4 Personen

30 Minuten + Ruhezeit + Backzeit

1. Das Mehl auf die Arbeitsfläche sieben und eine Mulde hineindrücken. 1 EL Öl oder Schmalz, Salz und so viel lauwarmes Wasser (etwa 1/8 l) zugeben, dass sich ein glatter Teig kneten lässt. Den Teig halbieren und zu Kugeln formen. Die Kugeln im restlichen Öl oder Schmalz wenden und unter einer angewärmten Porzellanschüssel 30 Minuten ruhen lassen. In der Zwischenzeit für die Füllung den Spargel schälen und die harten Enden abschneiden. Die Butter zerlassen.

2. Den Backofen auf 200 °C vorheizen. Die Strudelteigportionen ausrollen und über die Handrücken dünn ausziehen. Auf bemehlten Küchentüchern ausbreiten. Jede Teigplatte in vier gleich große Stücke schneiden. Auf jedes der acht Teigstücke nebeneinander 2 Spargelstangen legen. Mit zerlassener Butter bepinseln, mit Salz, einer Prise Zucker und etwas Orangenschale bestreuen. Den Teig an den Seiten etwas nach innen umschlagen, dann die Strudel aufrollen und auf ein mit Backpapier belegtes Backblech legen. Eidotter und Obers verquirlen und die Strudel damit bestreichen. Etwa 20 Minuten backen.

3. In der Zwischenzeit für den Salat die Wachteleier in etwa 3 Minuten hart kochen und kalt abschrecken. Die Kräuter waschen, trocken tupfen und in kleine Stücke zupfen. Essig, Öl, Suppe, Honig, Salz und Pfeffer zu einer Salatsauce verrühren. Die Wachteleier schälen und halbieren.

4. Den Wildkräutersalat auf Teller verteilen und mit der Salatsauce beträufeln. Je 2 halbierte Spargelstrudel und halbierte Wachteleier darauf anrichten.

Fisolensalat
mit gebratenem Schinken und Knoblauch

600 g Fisolen (grüne Bohnen)
1 Zwiebel
Salz
4 EL getrocknete Paradeiser (Tomaten; in Öl)
4 Zweige Bohnenkraut
4 Knoblauchzehen
8 EL Olivenöl
100 ml Gemüsefond
3 EL Weißweinessig
Pfeffer aus der Mühle
3 EL Rapsöl
4 Scheiben roher Schinken

4 Personen

35 Minuten

1. Die Fisolen waschen und die Enden abschneiden. Die Zwiebel schälen und fein würfeln. In einem großen Topf reichlich Wasser zum Kochen bringen und salzen. Die Zwiebelwürfel in ein Sieb geben und etwa 30 Sekunden in das kochende Wasser halten. Das Sieb wieder herausnehmen, die Zwiebelwürfel kalt abbrausen und abtropfen lassen. Die Fisolen im kochenden Wasser 4–5 Minuten blanchieren, sie sollten weich sein und keinesfalls beim Zerkauen quietschen. Die Fisolen in Eiswasser abschrecken und auf einem Sieb abtropfen lassen.

2. Die getrockneten Paradeiser abtropfen lassen und grob hacken. Bohnenkraut waschen und trocken schütteln, die Blättchen abzupfen und hacken. Knoblauch schälen, in feine Scheiben schneiden und in 2 EL Olivenöl bei mittlerer Hitze hellgelb braten. Zur Seite stellen.

3. Den Gemüsefond aufkochen und vom Herd ziehen, den Essig zufügen und die Mischung mit etwas Salz und Pfeffer würzen. 4 EL Olivenöl und das Rapsöl langsam einrühren. Getrocknete Paradeiser und das Bohnenkraut zufügen. Die Fisolen in eine Schüssel geben und die Sauce untermischen.

4. Den Schinken in einer großen Pfanne im übrigen Olivenöl knusprig braten und mit dem Knoblauch auf den Salat geben. Den Fisolensalat mit frischem Weißbrot servieren.

Rote-Rüben-Salat mit Kürbiskernen

500–600 g gleich große Rote Rüben (Rote Beten)
Salz
1 Knoblauchzehe
1 Zwiebel
½ Bund Petersilie
1 TL Kümmelsamen
1–3 EL frisch geriebener Kren (Meerrettich)
Pfeffer aus der Mühle
3–4 EL weißer Balsamico-Essig
6 EL Olivenöl
80 g Kürbiskerne

4 Personen
30 Minuten + Kochzeit + Abkühlzeit

1. Die Roten Rüben waschen und in reichlich Salzwasser in 30–45 Minuten (je nach Größe) bissfest kochen. Knoblauch und Zwiebel schälen und fein hacken. Die Petersilie waschen und trocken tupfen, die Blättchen abzupfen und fein schneiden. Den Kümmel im Mörser zerstoßen. Die Roten Rüben abgießen und kurz abkühlen lassen. Schälen, halbieren oder vierteln und in dünne Scheiben schneiden.

2. Die noch warmen Roten Rüben mit Knoblauch, Zwiebel, Petersilie, Kümmel und Kren in einer Schüssel mischen. Salz, Pfeffer, Essig und 4 EL Olivenöl dazugeben und unterrühren. Mindestens 10 Minuten zugedeckt durchziehen lassen, bis die Kürbiskerne fertig sind (der Salat kann auch einige Stunden ziehen bis zum Servieren).

3. Vor dem Servieren das restliche Olivenöl in einer Pfanne erhitzen und die Kürbiskerne darin rundherum braten, bis sie beginnen aufzuplatzen. Vom Herd nehmen, salzen und über den Salat streuen.

Kohlsprossensalat

400 g Kohlsprossen (Rosenkohl)
Salz
60 g durchwachsener Räucherspeck
1 EL Butterschmalz
2 Knoblauchzehen
Pfeffer aus der Mühle
2 EL weißer Balsamico-Essig
2 EL Olivenöl

4 Personen
30 Minuten

1. Die Kohlsprossen waschen und putzen. Die Röschen in Salzwasser 12–15 Minuten kochen, bis sie weich sind, aber noch Biss haben. In der Zwischenzeit den Speck in kleine Würfel schneiden und im heißen Butterschmalz knusprig braten.

2. Die gegarten Röschen herausnehmen und kurz in eiskaltes Wasser tauchen, damit sie grün bleiben. Dann in eine Schüssel geben. Für die Marinade den Knoblauch schälen und durch die Presse drücken. Mit Salz, Pfeffer, Essig und Öl verrühren und über die Kohlsprossen träufeln. Den Speck samt Fett etwas abkühlen lassen und mit den Kohlsprossen vermischen.

Sauermilch mit Gurken und Erdäpfeln

4 große festkochende Erdäpfel (Kartoffeln)
1 Salatgurke
1 Bund Dill, 1 Knoblauchzehe
1/2 l Kefir oder Sauermilch
Salz, Pfeffer aus der Mühle
Cayennepfeffer
edelsüßes Paprikapulver

2 Personen

35 Minuten

1. Die Erdäpfel waschen und mit der Schale in reichlich kochendem Wasser in etwa 30 Minuten weich kochen. Abgießen und kurz ausdampfen lassen.

2. In der Zwischenzeit die Gurke schälen und in dünne Scheiben schneiden. Dill oder Schnittlauch waschen, trocken tupfen und klein schneiden. Knoblauch schälen und fein hacken. Gurke, Kräuter und Knoblauch mit Kefir oder Sauermilch verrühren. Mit Salz, Pfeffer, Cayennepfeffer und Paprikapulver würzen. Die Erdäpfel schälen und der Länge nach vierteln. Möglichst heiß mit der Gurkensauermilch servieren.

Erdäpfelsalat mit Löwenzahn

je 2 rote und gelbe Paprikaschoten
12 kleine neue Bio-Erdäpfel (Kartoffeln), Salz
12 EL Olivenöl
1 TL Piment d'Espelette (ersatzweise rosenscharfes Paprikapulver)
12 Kirschparadeiser (-tomaten)
1 kleiner Zucchino
4 EL Zitronensaft
Pfeffer aus der Mühle, Zucker
12 schwarze Oliven
3 EL klein geschnittene Basilikumblättchen
schöne Löwenzahnblätter
150 g luftgetrockneter Schinken in dünnen Scheiben

4 Personen

50 Minuten

1. Den Backofen auf 250 °C vorheizen. Paprikas waschen, putzen und halbieren. Mit der Schnittfläche nach unten auf ein mit Backpapier ausgelegtes Backblech setzen, 10–15 Minuten backen, bis sich die Haut schwarz färbt. Mit einem feuchten Tuch bedeckt abkühlen lassen. Häuten, klein schneiden.

2. Erdäpfel gründlich waschen und mit der Schale in Salzwasser garen. Abgießen und längs halbieren. 3 EL Olivenöl in einer großen Pfanne erhitzen und die Erdäpfel darin mit der Schnittfläche nach unten goldbraun anbraten, wenden, mit Piment d'Espelette würzen und warm stellen. Während die Erdäpfel braten, die Paradeiser waschen, halbieren und die Stielansätze entfernen. Zucchino waschen, putzen, trocken reiben und in sehr dünne Scheiben schneiden.

3. Zitronensaft mit Salz, Pfeffer und einer Prise Zucker verrühren, restliches Olivenöl einrühren. Oliven halbieren und mit dem Basilikum in die Vinaigrette rühren. Löwenzahn waschen, trocken tupfen und auf Tellern ausbreiten. Das Gemüse darauf anrichten und mit der Vinaigrette beträufeln. Schinken dazulegen.

Eiernockerl

Für den Teig:
100 g zerlassene Butter
1/4 l Milch, 5 Eier
Meersalz
weißer Pfeffer aus der Mühle
Muskatnuss
500 g Mehl

Für die Eiermasse:
6 Eier, 6 EL Milch
Salz, Pfeffer aus der Mühle
4 EL Butterschmalz
3 EL Schnittlauchröllchen zum Bestreuen

4–6 Personen

1 Stunde

1. Für den Teig die Butter mit Milch, Eiern, Salz, Pfeffer und etwas Muskatnuss verrühren. Das Mehl mit einem Kochlöffel einrühren und den Teig schlagen, bis er Blasen wirft. Der Teig darf nicht zu fest sein. In einem großen Topf Wasser zum Kochen bringen und salzen.

2. Den Teig auf ein Holzbrett streichen und mit einem Messerrücken oder einer Teigkarte ins kochende Salzwasser schaben. Oder den Teig durch ein Spätzlesieb drücken. Die Nockerl 2–4 Minuten leise kochen lassen. Mit einer Schaumkelle herausheben, in ein Sieb geben und kalt überbrausen.

3. Die Zutaten für die Eiermasse gut verquirlen. Das Butterschmalz in einer Pfanne erhitzen, die Nockerl hineingeben und erwärmen. Die Eiermasse darübergießen und nur kurz anziehen lassen, sie soll noch cremig sein. Die Eiernockerl mit Schnittlauch bestreut servieren.

Nockerl

Salz
300 g Mehl
4 Eier
2 EL Sauerrahm
1/8 l Milch
Muskatnuss

4 Personen (als Beilage)

20 Minuten

1. In einem großen Topf reichlich Wasser zum Kochen bringen und salzen. Das Mehl mit Eiern, Sauerrahm, Milch, Muskatnuss und Salz verrühren. Von dem Teig mit einem in heißes Wasser getauchten Esslöffel etwa 4 cm lange längliche Nocken abstechen und ins kochende Wasser gleiten lassen. Bei schwacher Hitze in 5–8 Minuten gar ziehen lassen.

2. Die Nockerl mit einer Schaumkelle aus dem Wasser heben, in ein Sieb geben und kalt überbrausen.

Tipp: Die Nockerl passen zu Gerichten mit viel Sauce, wie etwa Gulasch (Seite 36). Vor dem Servieren in heißer Butter schwenken.

Tiroler Speckknödel

250 g Tiroler Speck (Räucherspeck ohne Schwarte)
1 Bund Petersilie
2 Schalotten
6 altbackene Semmeln
$^1/_4$ l Milch
60 g Butter
2 Eier
60 g Mehl
Salz, Pfeffer aus der Mühle
1 Bund Schnittlauch

4–6 Personen

40 Minuten + Ruhezeit

1. Den Speck in sehr kleine Würfel schneiden. Die Petersilie waschen und trocken tupfen. Die Blättchen abzupfen und fein hacken. Die Schalotten schälen und fein hacken. Die Semmeln in dünne Scheibchen schneiden und in eine Schüssel geben. Die Milch erhitzen.

2. Die Hälfte der Butter in einer Pfanne erhitzen. Speck und Schalotten darin anbraten. Die Petersilie kurz mitdünsten.

3. Die heiße Milch über die Semmeln gießen. Eier und Mehl zugeben und alle Zutaten verrühren. Mit Salz und Pfeffer kräftig würzen. Speck, Schalotten und Petersilie mit dem Fett aus der Pfanne zugeben. Die Zutaten zunächst mit dem Kochlöffel, dann mit den Händen gut vermengen, bis der Knödelteig bindet. Zugedeckt 30 Minuten ruhen lassen.

4. Reichlich Wasser in einem großen Topf zum Kochen bringen und salzen. Aus dem Teig mit feuchten Händen 6–8 Knödel formen und in das kochende Wasser einlegen. Bei schwacher Hitze offen in 15–20 Minuten gar ziehen lassen. Mit einer Schaumkelle herausnehmen und abtropfen lassen.

5. Die übrige Butter zerlassen. Den Schnittlauch waschen, trocken tupfen und fein schneiden. Die Knödel mit der Butter beträufelt und mit Schnittlauch bestreut servieren. Oder die Knödel als Einlage in einer kräftigen Fleischsuppe reichen.

VARIANTE

Käseknödel: Auch Käseknödel sind als würzige Suppeneinlage beliebt. Dafür die Semmelmasse wie bei den Speckknödeln zubereiten, aber den Speck weglassen. Zusammen mit den angebratenen Schalotten noch 100 g fein geriebenen Bergkäse zur Knödelmasse geben und gut unterkneten. Dann die Knödel formen und kochen wie oben beschrieben.

*„***DIE ALTBEKANNTEN GEMÜSE** *wie etwa Sellerie haben wir lange nur als Suppengrün verwendet, dabei kann man so feine vegetarische Gerichte daraus machen. Ich liebe zum Beispiel dieses Selleriepüree mit den eingelegten Kapern darin, die dem milden Püree den ganz besonderen Geschmack geben. Wir sollten viel mehr mit alten Gemüse- und Obstsorten experimentieren."*

Selleriepüree mit Kapern

1 kleiner Knollensellerie (etwa 400 g)
200 g Obers (Sahne)
evtl. 1 gegarter mehligkochender Erdapfel (Kartoffel; etwa 50 g)
Salz, Pfeffer aus der Mühle
Cayennepfeffer
3 EL Kapern

4 Personen

35 Minuten

1. Den Sellerie schälen. 300 g abwiegen und in 1–2 cm große Würfel schneiden. In das Obers geben und in 10–15 Minuten weich kochen. Dabei häufig umrühren.

2. Mit dem Mixstab pürieren und – wenn die Selleriefasern stören – durch ein Sieb streichen. Sollte das Püree zu weich sein, den gegarten Erdapfel schälen, durch die Presse drücken und unterrühren. Das Püree mit Salz, Pfeffer und Cayennepfeffer abschmecken. Die Kapern unterheben.

Tipp: Das Püree passt gut zum Donauwaller (Seite 153), aber auch zu Tafelspitz (Seite 142) oder zu Bratwürsten.

Pastinaken-Erdäpfel-Püree

600 g Pastinaken
200 g mehligkochende Erdäpfel (Kartoffeln)
Salz
knapp 200 g Obers (Sahne)
Muskatnuss

4 Personen

30 Minuten

1. Pastinaken und Erdäpfel schälen und in grobe Stücke schneiden. In wenig Salzwasser etwa 20 Minuten weich kochen. Das Obers erhitzen.

2. Pastinaken und Erdäpfel abgießen und fein zerdrücken. Nach und nach das heiße Obers unterrühren, bis die gewünschte Sämigkeit erreicht ist. Das Püree mit Salz und frisch geriebener Muskatnuss würzen und heiß servieren.

Tipp: Das Püree passt hervorragend zu Wildgerichten, aber auch zum Schweine- und zum Gänsebraten. Perfekte Ergänzung ist der Kohlsprossensalat von Seite 86.

„ALS ICH KIND WAR, *hat es oft Rote Rüben gegeben, in allen Formen: gefüllt, gerieben, gekocht, püriert, gehackt und gebacken. Irgendwann hatte ich genug von den Roten Rüben und ich habe lange Zeit keine mehr gegessen. Erst in den letzten Jahren entdecke ich sie wieder neu und finde viele Möglichkeiten, daraus Schmackhaftes zu zaubern.*"

Gefüllte Rote Rüben

8 mittelgroße Rote Rüben (Rote Beten; etwa 1,2 kg)
100 g Schafskäse
100 g Schafsjoghurt (6 % Fett; ersatzweise Rahmjoghurt)
4–6 Knoblauchzehen
einige Zweige Majoran oder Thymian (ersatzweise getrocknete Kräuter)
100 g Walnusskerne
Salz, Pfeffer aus der Mühle
2 EL Olivenöl für die Form
125 g Mozzarella
400 ml Gemüsesuppe (-brühe)
3–4 EL Crème fraîche

4 Personen als Hauptgericht
8 Personen als Vorspeise

30 Minuten + Kochzeit + Gratinierzeit

1. Die Roten Rüben waschen und in kochendem Wasser bei mittlerer Hitze in etwa 50 Minuten bissfest kochen. Abgießen, etwas abkühlen lassen und schälen. Die Roten Rüben mithilfe eines Kugelausstechers aushöhlen, unten gerade abschneiden. Das ausgekratzte Fruchtfleisch klein schneiden.

2. Den Schafskäse zerbröckeln und mit dem Schafsjoghurt glatt rühren. Knoblauch schälen und durch die Presse drücken, je nach Schärfe mehr oder weniger verwenden. Die Kräuter waschen und trocken tupfen, die Blättchen abzupfen. Die Walnusskerne grob hacken.

3. Knoblauch, Kräuter und Walnusskerne unter die Schafskäse-Joghurt-Mischung rühren. Mit Salz und Pfeffer kräftig würzen, die Hälfte der klein geschnittenen Roten Rüben unterheben. Die ausgehöhlten Roten Rüben salzen und pfeffern, mit der Schafskäse-Joghurt-Mischung füllen. Eine Auflaufform mit dem Öl auspinseln und die Roten Rüben nebeneinander hineinsetzen. Den Mozzarella in acht dünne Scheiben schneiden und die Rüben mit je einer Scheibe abdecken. Den Backofen auf 200 °C vorheizen.

4. Das restliche Fruchtfleisch mit dem Mixstab pürieren und mit der Gemüsesuppe verrühren. Salzen und pfeffern. Die Sauce zwischen die Roten Rüben in die Auflaufform gießen und die Roten Rüben 25–30 Minuten im heißen Backofen gratinieren.

5. Die Roten Rüben herausnehmen. Die Garflüssigkeit mit der Crème fraîche verrühren, erhitzen und dazu servieren.

Auflauf von Wintergemüse mit Nüssen

3 Karotten
3 Pastinaken
80 g weiche Butter
Salz, Pfeffer aus der Mühle
2 Stangen Staudensellerie
2 Stangen Lauch
300 g Crème fraîche
100 g Obers (Sahne)
2 Eier
1 Eidotter
Saft und abgeriebene Schale
von ½ Bio-Zitrone
60 g Haselnussblättchen

4 Personen

30 Minuten + Backzeit

1. Karotten und Pastinaken schälen und der Länge nach halbieren. Eine große Pfanne mit 20 g Butter einreiben, die halbierten Wurzeln mit der Schnittfläche nach unten in die Pfanne legen und mit Salz und Pfeffer würzen. Die Wurzeln knapp mit Wasser bedecken. Ein Stück Backpapier auf die Größe der Pfanne zurechtschneiden. In die Mitte ein kleines Loch als Abzug schneiden. Das Backpapier auf das Gemüse legen und die Wurzeln bei starker Hitze garen. Sobald das Wasser vollständig verdampft ist, das Backpapier abnehmen und die glasierten Wurzeln weiterbraten, bis sie etwas bräunen. Die Wurzeln herausnehmen und mit der Schnittfläche nach oben in eine Auflaufform setzen.

2. Die Selleriestangen waschen und halbieren. In reichlich Salzwasser 4 Minuten kochen, kalt überbrausen und trocken tupfen. Lauch putzen, gründlich waschen und in fingerlange Stücke schneiden. In reichlich Salzwasser 10 Minuten kochen, kalt überbrausen, trocken tupfen und der Länge nach halbieren. Sellerie und Lauch ebenfalls in die Auflaufform setzen. Den Backofen auf 180 °C vorheizen.

3. Crème fraîche, Obers, Eier und Eidotter verrühren und mit Salz und Pfeffer würzen. Zitronensaft und -schale unterrühren und das Ganze über den Wurzeln verteilen. Den Auflauf mit den Haselnussblättchen bestreuen und 20 Minuten im heißen Ofen backen. Auflauf aus dem Ofen nehmen und mit einem Salat (siehe Tipp) servieren.

Tipp: Perfekt passt dazu ein winterlicher Salat aus Endivie und Orange. Die leicht bittere Endivie setzt dem milden Wurzelgemüse einen guten Kontrast entgegen. Endiviensalat putzen, waschen und in Streifen schneiden. 1–2 Orangen mit einem scharfen Messer so schälen, dass auch die weiße Haut entfernt ist. Die Orangenfilets zwischen den Häuten herausschneiden. Aus dem aufgefangenen Orangensaft, Salz, Pfeffer, Essig und Öl eine Salatsauce mischen (wer will, rührt etwas milden Senf darunter) und mit dem Endiviensalat und den Orangenfilets vermischen.

Erdäpfelkrapferl

Für den Teig:
400 g Erdäpfel (Kartoffeln)
80 g Mehl
etwa 40 g Hartweizengrieß
Salz
1 Ei
1 Eidotter

Für die Füllung:
1 große Zwiebel
1 EL Butter
250 g faschiertes (gehacktes) Wildschwein
Salz, Pfeffer aus der Mühle
einige Zweige frische Kräuter (Steinpilzthymian, Thymian, Rosmarin, Salbei)
1 Ei
60–80 g Semmelbrösel

Außerdem:
Butterschmalz zum Ausbacken

4 Personen

1 Stunde

1. Für den Teig die Erdäpfel waschen und in kochendem Wasser weich garen. Während die Erdäpfel kochen, die Füllung zubereiten. Dafür die Zwiebel schälen und fein hacken. In der heißen Butter andünsten. Das Fleisch zugeben und rundherum anbraten. Salzen und pfeffern. Die Kräuter waschen und trocken tupfen, die Blättchen abzupfen, fein schneiden und zugeben. Das Ei und so viel Semmelbrösel zugeben, dass ein nicht zu weicher Fleischteig entsteht. Beiseitestellen und auskühlen lassen.

2. Die Erdäpfel abgießen und ausdampfen lassen. Schälen und durch die Presse drücken. Mit den übrigen Zutaten rasch zu einem Teig kneten. Ist der Teig sehr weich, noch etwas mehr Grieß zugeben.

3. Mit einem Esslöffel jeweils etwas Teig abstechen und in der Handfläche flach drücken. Auf jedes Teigstück etwas Fleischfüllung setzen. Den Teig über der Füllung zusammenschlagen und die Krapferl in der Hand rund formen. Auf diese Weise den Erdäpfelteig und die Füllung verarbeiten.

4. Reichlich Butterschmalz in einer Pfanne erhitzen, die Krapferl müssen darin schwimmen! Die Krapferl portionsweise darin rundherum ausbacken. Auf Küchenpapier abtropfen lassen und heiß servieren.

INFO

Dazu isst man in der Steiermark Grubenkraut, eine Spezialität aus den Fischbacher Alpen im Joglland. Früher war das eine der Möglichkeiten, die Weißkrauternte über den Winter zu konservieren: Die Krautköpfe werden nach der Ernte im Ganzen blanchiert und dann in eigens gegrabenen Krautgruben über den Winter gelagert. Die Milchsäuregärung konserviert die Krautköpfe und verleiht ihnen den einzigartigen Geschmack. Inzwischen haben moderne Methode das Grubenkraut fast verschwinden lassen – nur wenige Bauern in Österreich pflegen noch diese Tradition. Wer diese Spezialität nicht bekommt, serviert Sauerkraut zu den Krapferln.

„DAS ‚GASTHAUS ZUR LINDE' in Stumm im Zillertal hat einen wunderbaren Gastraum, eine sympathische Hausherrin und einen großartigen Koch: Hannes Ebster. Seine Krautinger Rübenschlutzer gehören zu dem Besten, was ich in den letzten Jahren in Österreich gegessen habe."

Rübenschlutzer mit Speck und Mangold

von Hannes Ebster, Stumm im Zillertal

Für den Teig:
250 g Mehl (am besten doppelgriffiges Wiener Griessler)
1 Eidotter, 1 EL Öl
½ TL Salz

Für die Füllung:
120 g durchwachsener Räucherspeck
3 EL Rapsöl
350 g Krautinger Rüben (ersatzweise Mairüben)
1 Zwiebel, 2 Knoblauchzehen
¼ l Fleischsuppe (-brühe)
Salz, Pfeffer aus der Mühle
Kümmelsamen

Für die Beilage:
1 kg Mangold
2 Zwiebeln, 2 Knoblauchzehen
Öl zum Anbraten
⅛ l Weißwein
2 TL Speisestärke
100 g Obers (Sahne)
Salz, Pfeffer aus der Mühle
Muskatnuss

Zum Servieren:
100 g Butter
1 Handvoll Salbeiblätter

4 Personen

1 Stunde 10 Minuten + Ruhezeiten

1. Die Zutaten für den Teig mit 80 ml lauwarmem Wasser zu einem elastischen Nudelteig verkneten. 1–2 Stunden unter einer angewärmten Schüssel ruhen lassen. Für die Füllung Speck in Scheiben schneiden und in 1 EL Öl anbraten. Rüben waschen, putzen und in Streifen schneiden. Zwiebel und Knoblauch schälen und fein hacken. In der Speckpfanne das übrige Öl erhitzen und Rüben, Zwiebeln und Knoblauch andünsten. Mit Suppe ablöschen und 10 Minuten zugedeckt schmoren. Speck in Streifen schneiden und 5 Minuten mitschmoren. Mit Salz, Pfeffer und zerstoßenem Kümmel würzen. Abkühlen lassen.

2. Den Nudelteig sehr dünn ausrollen. Mit einem runden Ausstecher (Durchmesser 5–6 cm) Kreise ausstechen. Jeweils 1 EL Füllung daraufgeben, zu Halbkreisen zusammenklappen. Die Ränder fest zusammen- und mit einer Gabel rundherum andrücken. Reichlich Wasser zum Kochen bringen und salzen.

3. Mangold waschen und putzen, Stiele und Blätter getrennt in Streifen schneiden. Wasser zum Kochen bringen. Die Stiele 5 Minuten, die Blätter 2 Minuten blanchieren. Herausnehmen und abtropfen lassen. Zwiebeln und Knoblauch schälen und fein hacken. In einem großen Topf etwas Öl erhitzen. Zwiebeln und Knoblauch darin anbraten. Weißwein zugeben und etwas einkochen lassen. Die Speisestärke mit dem Obers glatt rühren und zugeben. Rühren, bis die Sauce bindet. Mangold zufügen und mit Salz, Pfeffer und Muskat würzen.

4. Die Schlutzer im kochenden Salzwasser bei schwacher Hitze 5–7 Minuten ziehen lassen, herausnehmen. Butter erhitzen. Salbei darin anbraten. Schlutzer mit Mangold anrichten, mit Salbeibutter übergießen.

„FAMILIE SICHER in Tainach mit den Brüdern Michael in der Küche und Wolfgang im Service war für mich eine Entdeckung. Unter anderem wegen ihres Saiblingskaviars, den es bei mir jetzt auch zu den Kärntner Kasnudeln gibt. Michael experimentiert aber nicht nur mit Fischen und Kaviar, sondern auch mit Pflanzen, die er von seinen Reisen mitbringt und in seinem Garten kultiviert. Er hat mir diese wunderbare Kirchtagssuppe mit viel Safran gekocht. Ich hoffe, ich werde noch öfter in den Genuss seiner Küche kommen."

Kärntner Kirchtagssuppe

von Michael Sicher, Tainach

1/2 Stange Lauch
200 g Knollensellerie
220 g Karotten
300 g Zwiebeln
1 Bund Petersilie
1/2 Suppenhuhn (etwa 600 g)
500 g Lammfleisch (Schulter)
500 g Schweinefleisch (Schulter)
Salz
1/2 TL weiße Pfefferkörner
2 Lorbeerblätter
1–2 Gewürznelken
2 Pimentkörner
1/4 TL Kümmelsamen
1 Zimtstange
1 EL Butter
1 TL Safranfäden
70 ml Weißwein
50 g Obers (Sahne)
1 EL Sauerrahm
1 TL Speisestärke

4 Personen

50 Minuten + Garzeit

1. Das Gemüse waschen und putzen. Zwei Drittel der Zwiebeln schälen. Die Petersilienblättchen abzupfen und beiseitelegen. Lauch und Sellerie in Stücke schneiden, mit den Petersilienstängeln und den ganzen Möhren und Zwiebeln in einen großen Topf geben. Huhn, Lamm- und Schweinefleisch zugeben und mit Wasser bedecken. Langsam zum Kochen bringen und den Schaum abschöpfen.

2. Salz, Pfefferkörner, Lorbeerblätter, Nelken, Piment, Kümmel und Zimtstange zugeben. Die Suppe mit halb aufgelegtem Deckel leise kochen lassen. Die Karotten nach etwa 10 Minuten herausnehmen, kurz in Eiswasser tauchen und beiseitestellen. Huhn und Lamm nach etwa 1 1/4 Stunden herausnehmen, das Schweinefleisch nach 2 Stunden. Während des Kochens bei Bedarf Wasser nachgießen.

3. Die Fleischstücke 10 Minuten ruhen lassen und klein schneiden. Die Suppe durch ein feines Sieb gießen. Die restlichen Zwiebeln schälen, fein schneiden und in der Butter andünsten. Safran zugeben, kurz mitdünsten und mit Weißwein ablöschen. Die durchgesiebte Suppe zugeben und aufkochen lassen.

4. Karotten klein schneiden, Hühnerfleisch ablösen und klein schneiden. Petersilienblättchen fein schneiden. Obers, Sauerrahm und Speisestärke glatt rühren und in die kochende Suppe einrühren. Rühren, bis die Suppe bindet. Mit Salz abschmecken, mit dem Mixstab aufmixen, Karotten- und Fleischstücke einlegen und erwärmen. Die Suppe mit Petersilie bestreuen.

„SCHWEINEBRATEN und auch andere Gerichte schmecken nur mit schön durchwachsenem Schweinefleisch. Erst allmählich besinnt man sich wieder auf die alten Schweinerassen, die in einem langen, natürlichen Leben viel Fett ansetzen durften. Einige Züchter nehmen sich dieser alten Rassen an und halten Mangalitza-Schweine oder Schwäbisch-Hällische Landschweine. Wer kann, verwendet dieses hervorragende Fleisch. Bitte auf jeden Fall Fleisch nur aus artgerechter Haltung und nur beim vertrauenswürdigen Metzger kaufen und nicht im Supermarkt."

Mostbratl

1 kg Schweinefleisch (Schopf, Halsgrat, Kamm)
Salz, Pfeffer aus der Mühle
1 Bund Petersilie
1 Karotte
1 Stück Knollensellerie (80–100 g)
1 Stück Ingwer (etwa 5 cm)
1 Scheibe altbackenes Schwarzbrot
100 g durchwachsener Räucherspeck in dünnen Scheiben
4 Gewürznelken
1/4 l Apfelmost
1/4–1/2 l Fleischsuppe (-brühe)

4–6 Personen

40 Minuten + Garzeit

1. Den Backofen auf 200 °C vorheizen. Das Fleisch mit Salz und Pfeffer einreiben. Die Petersilie waschen und trocken tupfen, die Blättchen abzupfen, die Stängel aufheben. Die Gemüse waschen und putzen bzw. schälen und klein schneiden. Ingwer schälen und klein schneiden. Das Schwarzbrot ebenfalls klein schneiden.

2. Einen Bräter mit den Speckscheiben auslegen. Petersilienstängel, Gemüse, Ingwer und Nelken darauf verteilen. Das Fleisch darauflegen. Die Schwarzbrotwürfel ebenfalls in den Bräter legen.

3. Den Bräter in den heißen Ofen stellen und das Fleisch im eigenen Saft anbraten. Sobald der Speck etwas Farbe angenommen hat, mit Apfelmost aufgießen. Den Braten etwa 1 1/2 Stunden offen garen. Zwischendurch mit Bratensaft begießen. Bei Bedarf etwas Fleischsuppe zugeben.

4. Den Braten herausnehmen, auf eine Platte setzen und mit Alufolie abgedeckt 10 Minuten ruhen lassen. Den Bratensaft durch ein Sieb gießen und mit Salz und Pfeffer abschmecken. Wenn der Bratensaft zu stark reduziert ist, vor dem Abseihen etwas Fleischsuppe zugeben und aufkochen lassen. Den Braten in Scheiben schneiden und mit Sauce servieren. Die Petersilie klein schneiden und die Beilagen damit bestreuen.

Tipp: Mit Speckknödeln (Seite 92), Semmelknödeln (Seite 108) oder Erdäpfelknödeln und Speckkrautsalat (Seite 22) servieren.

Österreichischer Schweinebraten
mit Semmelknödeln

Für den Schweinebraten:
1 kg Schweinefleisch (Schopf, Halsgrat, Kamm)
Salz, Pfeffer aus der Mühle
5 EL Butterschmalz
10 Knoblauchzehen
6 EL Kümmelsamen
etwa 1/2 l Fleischsuppe (-brühe)

Für die Semmelknödel:
5 altbackene Semmeln
Salz, Pfeffer aus der Mühle
etwa 1/4 l Milch
1 Zwiebel
1 EL gehackte Petersilie
2 EL Butter
2 EL Mehl
2–3 Eier
evtl. Semmelbrösel

4–6 Personen

2 Stunden

1. Den Backofen auf 180 °C vorheizen. Das Schweinefleisch rundherum mit Salz und Pfeffer einreiben. Das Butterschmalz in einem Bräter erhitzen und das Fleisch darin rundherum anbraten. Den Knoblauch schälen und durch die Presse drücken. Den Kümmel im Mörser zerstoßen und mit dem Knoblauch zu einer Paste vermischen. Auf der Oberfläche des Bratens verteilen. Den Bräter in den Backofen schieben. Sobald das Fleisch an der Unterseite Farbe angenommen hat, mit etwas Fleischsuppe aufgießen. Während der gesamten Bratzeit von 1 1/2–2 Stunden immer wieder seitlich etwas Fleischsuppe nachgießen.

2. In der Zwischenzeit für die Semmelknödel die Semmeln in dünne Scheiben oder kleine Würfel schneiden. Salzen und pfeffern. Die Milch aufkochen und gleichmäßig über die Semmeln gießen. Die Zwiebel schälen und fein hacken, mit der Petersilie in der heißen Butter weich dünsten. Zu den Semmeln geben. Mehl darüberstreuen, 2 Eier zugeben. Alles zuerst mit einem Kochlöffel, dann mit den Händen kräftig vermengen, bis der Teig bindet. Wenn der Teig zu weich ist, einige Esslöffel Semmelbrösel zugeben. Ist der Teig zu fest und bröselig, noch etwas Milch und 1 Ei zugeben. Den Teig in der Schüssel zu einem Kloß zusammendrücken und etwa 30 Minuten ruhen lassen.

3. In einem großen Topf reichlich Wasser zum Kochen bringen. Aus dem Teig mit angefeuchteten Händen 4–6 Knödel formen. Ins kochende Wasser geben und die Hitze sofort reduzieren. Die Knödel im siedenden Wasser offen etwa 20 Minuten gar ziehen lassen.

4. Das Fleisch nach 1 1/2–2 Stunden aus dem Bräter nehmen und auf eine Platte setzen. Mit Alufolie abgedeckt 10 Minuten ruhen lassen. Den Bratensaft durch ein Sieb gießen und abschmecken. Wenn der Bratensaft zu stark reduziert ist, eventuell vor dem Abseihen etwas Fleischsuppe zugeben und noch einmal aufkochen lassen. Den Braten in Scheiben schneiden und mit der Sauce und den Semmelknödeln servieren.

Gänsebraten mit Käse-Grieß-Schmarrn

Für den Gänsebraten:
1 kleine Gans (etwa 3 kg, küchenfertig vorbereitet)
300–400 g Salz
1 Handvoll Rosinen (etwa 30 g)
$^1/_8$ l grüner Tee (nicht aromatisiert!)
2 Kumquats
Pfeffer aus der Mühle
etwa 250 g Maroni (Esskastanien; geschält)
abgeriebene Schale von 1 Bio-Orange
etwa 1 l Gemüsesuppe (-brühe)
1 gehäufter TL Speisestärke
Saft von 1 Orange

Für den Käse-Grieß-Schmarrn:
$^1/_2$ l Milch
90 g Hartweizengrieß
125 g Butter
Salz, Pfeffer aus der Mühle
2 EL geriebener würziger Bergkäse
6 Eier
Butterschmalz zum Backen

Außerdem:
Holzstäbchen oder Küchengarn

4–6 Personen

3 Stunden + Einlegezeit + Abtropfzeit

1. Am Vortag die Gans in eine große Schüssel legen und mit Salzwasser bedecken (50 g Salz auf 1 l Wasser). Am nächsten Tag die Gans herausnehmen und 1–2 Stunden zum Abtropfen mit dem Kragen nach oben in ein Sieb setzen. Für die Füllung die Rosinen im grünen Tee einweichen. Die Kumquats halbieren. Den Backofen auf 180 °C vorheizen.

2. Die Bauchhöhle der Gans trocken tupfen und pfeffern. Rosinen, Maroni und Kumquats mit der Orangenschale vermischen und die Gans damit füllen. Die Bauchhöhle mit Holzstäbchen verschließen oder mit Küchengarn zunähen. Die Gans mit der Brustseite nach unten in einen Bräter legen und so viel Gemüsesuppe angießen, dass sie etwa 2 cm hoch steht. Die Gans etwa 2 $^1/_2$ Stunden garen. In den letzten 15 Minuten mit dem Rücken nach unten auf den Rost in der untersten Schiene des Backofens legen und die Fettpfanne darunterstellen. Die Temperatur auf 220 °C Oberhitze schalten und die Gans knusprig braten. Die Gans herausnehmen, 15 Minuten abgedeckt ruhen lassen und tranchieren. Die Füllung beiseitestellen und warm halten.

3. In der Zwischenzeit für die Sauce vom Bratensatz im Bräter das Fett abschöpfen. Den Bratensaft in einen Topf umfüllen und aufkochen. Die Speisestärke mit dem Orangensaft glatt rühren und einrühren, bis die Sauce andickt. Vom Herd nehmen.

4. Für den Käse-Grieß-Schmarrn die Milch zum Kochen bringen und den Grieß einrühren, bis er andickt. Grießbrei vom Herd nehmen. Butter, Salz, Pfeffer und den Käse einrühren. Die Eier trennen und die Eidotter in den Brei rühren. Abkühlen lassen. 30 Minuten bevor die Gans fertig ist, die Eiklar steif schlagen und unter den Grießbrei heben. Butterschmalz in einer Pfanne erhitzen, den Grießbrei darin auf der Unterseite goldbraun backen, mit einem Pfannenheber wenden und die andere Seite backen. Den Schmarrn mit zwei Gabeln zerteilen und unter ständigem Wenden fertig backen. Zum Braten servieren.

Tipp: Dazu passen die heißen Marillen von Seite 147 und der Kohlsprossensalat von Seite 86.

„MIT CHRISTIAN ÜBELEIS in seinem Restaurant ‚Zum Forsthaus' in Fischbach in der Oststeiermark zusammen zu kochen, war sicher einer der Höhepunkte meiner kulinarischen Abenteuer in Österreich. Die zsammgelegten Knödel ein Gedicht! Der Maibock im Kranewittenschmalz eine Entdeckung und die Kletzennudeln zum Reinsetzen! Auch seine Familie, besonders seinen Vater Heinz, mit dem ich auf der Jagd für den Maibock war, habe ich ins Herz geschlossen. Christian hat eindeutig meinen kulinarischen Horizont erweitert."

Kernöl-Kletzen-Nudeln mit Schafsjoghurt

von Christian Übeleis, Fischbach

Für den Teig:
250 g Mehl (am besten doppelgriffiges Wiener Griessler)
1 Ei (Größe S)
25 g Kürbiskernöl

Für die Füllung:
125 g Kletzen (Dörrbirnen)
1/8 l süßer Weißwein (z. B. Auslese: Traminer oder Riesling)
3 EL Honig
25 g Weißbrotflocken (zerzupftes frisches Weißbrot ohne Rinde)
25 g Kürbiskerne
1 Eiklar
25 g Butter

Für den Joghurt:
350 g Schafsjoghurt
30 g Zucker
1 Zweig Thymian
abgeriebene Schale und Saft von 1 Bio-Zitrone

4–6 Personen

1 Stunde 30 Minuten + Marinierzeiten + Ruhezeit

1. 2 Tage vor dem Servieren für die Füllung die Kletzen klein schneiden und mit dem Wein in eine Schüssel geben. Über Nacht abgedeckt ziehen lassen. Am nächsten Tag im Wein aufkochen, abkühlen lassen und wieder eine Nacht abgedeckt ziehen lassen. Die Kletzen sollten nun die gesamte Flüssigkeit aufgenommen haben. Kletzen sehr fein hacken und mit 2 EL Honig und den Weißbrotflocken verrühren. Die Kürbiskerne in einer Pfanne ohne Fett rösten und fein reiben. Unter die Kletzen mischen.

2. Für den Teig Mehl, Ei, Öl und 85 ml Wasser zu einem geschmeidigen, nicht klebrigen Teig verkneten. Unter einer angewärmten Porzellanschüssel 1 Stunde ruhen lassen.

3. Den Teig am besten mit der Nudelmaschine 3 mm dünn ausrollen. Mit einem runden Ausstecher oder einem Glas Kreise von 5 cm Durchmesser ausstechen. Das Eiklar verquirlen und die Hälfte jedes Kreises damit bestreichen. Je 1 TL Füllung daraufgeben und die zweite Hälfte des Teiges überschlagen, sodass halbkreisförmige Taschen entstehen. Die Ränder fest andrücken.

4. In einem großen Topf Wasser zum Sieden bringen. Die Nudeln darin 3 Minuten ziehen lassen, mit einem Schaumlöffel herausheben und in einem Sieb abtropfen lassen. Die Butter zerlassen und den übrigen 1 EL Honig einrühren. Die Nudeln schwenken, herausnehmen und auf vorgewärmten Tellern verteilen. Den Schafsjoghurt mit Zucker, abgezupften Thymianblättchen, Zitronensaft und -schale verrühren und dazu reichen.

„ICH HAB GRIESSBREI GELIEBT – *auch deshalb, weil man ihn so schnell machen kann. Und es gab immer Grieß und Milch und Zucker und Marmelade und Rosinen bei uns zu Hause. Wenn ich Hunger hatte, hab ich mir einen riesigen Topf Grießbrei gemacht. Mal hab ich den rot gefärbt, mit Ribiselmarmelade. Oder eben mit Zucker und Zimt vermischt. Oder mit Rosinen und Nüssen. Das war so mein erster kreativer Akt: Wie kann ich meinen eigenen Grießbrei aufpeppen? Und dann hab ich alles rausgeholt, was da war – Schokolade und Kuvertüre und Orangeat. Aber am Ende meiner langen Experimentierphase, da fand ich, Grießbrei pur mit Zucker und Zimt schmeckt mir immer noch am besten. Und das hab ich bis heute beibehalten. Wenn ich von einer langen Reise komme, dann löffle ich den Grießbrei so, das ist eine meiner liebsten Erinnerungen. Das tröstet mich heute immer noch.*“

Süßer Grießschmarrn aus dem Ofen

½ l Milch
30 g Zucker
Salz
1 EL Vanillezucker
120 g Butter
180 g grober Grieß (Bioladen: Weizengrieß mit Schalenanteilen)
2 Eier
60 g Rosinen
gemahlener Zimt und Zucker zum Servieren

4 Personen

1 Stunde + Abkühlzeit

1. Die Milch zum Kochen bringen. Zucker, eine Prise Salz, Vanillezucker und 50 g Butter unterrühren. Den Grieß und die Eier einrühren. Sobald die Masse andickt, den Topf vom Herd nehmen, die Rosinen unterrühren und den Grießbrei abkühlen lassen.

2. Den Backofen auf 180 °C vorheizen. In einer Auflaufform die restliche Butter zerlassen. Den Grießbrei mit zwei Gabeln in Stücke reißen und in die Form geben. In der Butter wenden, sodass die Stücke gleichmäßig von Butter umhüllt sind. Im heißen Backofen etwa 20 Minuten backen, bis der Schmarrn Farbe annimmt.

3. Den Grießschmarrn aus dem Ofen nehmen, Zimt und Zucker gut vermischen, den Grießschmarrn damit bestreuen und heiß mit Lieblings-Kompott servieren.

Tipp: Ich mache auch meinen Vanillezucker selber. Dafür einfach eine Vanilleschote auskratzen und das Mark samt Schote in einer Dose mit Kristallzucker mischen. Gut verschließen und ein paar Tage ziehen lassen.

*„***DER GESCHMACK VON HONIG** *statt Zucker in einem herrlich cremigen Rahmeis ist unbeschreiblich. Eis selber zu machen, ist wirklich sehr einfach, das sollte man gerade im Sommer unbedingt probieren. Mit frisch gemolkener Milch direkt vom Bauernhof schmeckt es natürlich doppelt so gut."*

Palatschinken
mit Kirschsauce und Honigeis

Für die Palatschinken:
350 ml Milch
150 g Mehl
2 Eier
Salz
Butterschmalz zum Backen

Für die Kirschsauce:
500 g Kirschen
50 g Zucker

Für das Honigeis:
3 Eidotter
80 g Waldhonig oder Edelkastanienhonig
1 EL Orangenlikör oder 1 TL abgeriebene Schale von 1 Bio-Orange
300 g Obers (Sahne)

6 Personen

1 Stunde 20 Minuten + Gefrierzeit + Abkühlzeit

1. Zuerst das Honigeis zubereiten. Dafür die Eidotter mit dem Honig in eine Schüssel geben und über dem heißen Wasserbad hell-cremig schlagen. Die Schüssel in kaltes Wasser stellen, Orangelikör oder -schale unterrühren und die Masse kalt rühren. Das Obers steif schlagen und unterheben. Eine Kastenform (750 ml Inhalt) mit kaltem Wasser ausspülen und mit Frischhaltefolie auskleiden. Die Eismasse einfüllen und glatt streichen. Mindestens 4 Stunden, besser über Nacht, in die Gefriertruhe stellen. Etwa 20 Minuten vor dem Servieren herausnehmen, bei Zimmertemperatur etwas antauen lassen und in Scheiben geschnitten servieren.

2. Für die Kirschsauce die Kirschen waschen und entkernen, dabei den Saft auffangen. Saft mit Zucker und 100 ml Wasser in einen Topf geben und zum Kochen bringen. 5 Minuten kochen lassen, die Kirschen dazugeben und weitere 5 Minuten kochen. Vom Herd nehmen und abkühlen lassen.

3. Für die Palatschinken Milch, Mehl, Eier und eine Prise Salz zu einem glatten Teig verrühren. In einer beschichteten Pfanne etwas Butterschmalz heiß werden lassen, eine Schöpfkelle Teig hineingeben und durch Schwenken der Pfanne gleichmäßig verteilen. Sobald die Unterseite braune Ränder bekommt, den Palatschinken wenden und fertig backen. Auf diese Weise den gesamten Teig verarbeiten, es sollten 6 Palatschinken werden.

4. Jeweils einen Palatschinken zusammengeklappt auf einen Teller legen und mit der Kirschsauce und dem Honigeis servieren.

Apfelschnee

8 säuerliche aromatische Bio-Äpfel (z. B. Boskop oder andere Kochäpfel)
1 EL Vanillezucker
2 Eiklar
1 EL Zucker oder 1 EL Zitronensaft (je nach Säure der Äpfel)

Zum Servieren:
4 EL Schlagobers (geschlagene Sahne)
2 EL Krokant oder gehackte Walnusskerne

4 Personen

45 Minuten + Abkühlzeit

1. Die Äpfel waschen und abtrocknen. Blüten- und Stielansätze herausschneiden. Den Backofen auf 220 °C vorheizen. Die Äpfel in eine Auflaufform oder auf ein Backblech setzen und in etwa 30 Minuten im Backofen weich backen. Herausnehmen und durch ein Sieb passieren. Den Vanillezucker unter den heißen Apfelbrei rühren und den Brei erkalten lassen.

2. Die Eiklar mit dem Zucker oder dem Zitronensaft (je nachdem, ob der Apfelbrei zu sauer oder zu süß ist) steif schlagen und unter den erkalteten Apfelbrei ziehen. Den Apfelschnee auf Dessertschälchen oder -gläser verteilen, noch einmal kalt stellen und mit Schlagobers und Krokant oder gehackten Walnusskernen garniert servieren.

Süßmostparfait

1/4 l Süßmost (ersatzweise milder Cidre)
3 Eidotter (Größe S)
65 g Zucker
200 g Obers (Sahne)

Zum Servieren:
gemischte frische Beeren

4–5 Personen

40 Minuten + Gefrierzeit

1. Den Süßmost aufkochen und auf die Hälfte einkochen lassen. Inzwischen die Eidotter in einem Schlagkessel aus Metall mit dem Zucker hell-cremig rühren. Den heißen Süßmost zufügen. Die Masse über einem heißen Wasserbad dick schaumig schlagen, vom Wasserbad nehmen und sofort in eine Schüssel mit Eiswasser setzen. Rühren, bis die Masse erkaltet ist.

2. Obers steif schlagen und unterheben. Eine Terrinen- oder Rehrückenform von 3/4 l Inhalt kalt ausspülen und mit Frischhaltefolie auskleiden. Die Parfaitmasse einfüllen, glatt streichen und über Nacht in der Gefriertruhe gefrieren lassen. Vor dem Servieren 10 Minuten antauen lassen. Das Parfait auf ein Brett stürzen und in Scheiben geschnitten servieren.

Steirischer Striezel

von Resi Neuhold, Naas

$^{1}/_{4}$ l Milch
50 g Schweineschmalz
500 g Mehl
$^{1}/_{2}$ Würfel Germ (Hefe; 21 g)
50 g Zucker
$^{1}/_{2}$ TL Salz
2 Eier (Größe S)

Außerdem:
1 Ei und 2 EL Obers (Sahne) zum Bestreichen
Hagelzucker zum Bestreuen

2 Striezel (je 400 g)

50 Minuten + Ruhezeiten

1. Die Milch mit dem Schmalz in einem Topf erwärmen, vom Herd nehmen und lauwarm abkühlen lassen. Das Mehl in eine große Schüssel sieben. Germ hineinbröseln. Milch-Schmalz-Mischung, Zucker, Salz und Eier zugeben und alle Zutaten zu einem glatten Teig verkneten. Oder den Teig zunächst in einer Küchenmaschine kneten, dann auf ein Backbrett geben und mindestens 5–10 Minuten mit den Händen durchkneten.

2. Den Teig in eine Schüssel geben und mit einem angefeuchteten Tuch oder Frischhaltefolie abdecken. An einem warmen Ort 1 Stunde gehen lassen, bis er sein Volumen verdoppelt hat.

3. Den Teig zusammenschlagen und in zwei Portionen teilen. Jede Portion in sechs gleich große Teile schneiden, diese zu Rollen formen und zu einem Sechser-Zopf flechten (wer mag, kann auch nur drei Rollen formen und einen normalen Zopf flechten). Die zwei Striezel auf ein mit Backpapier belegtes Blech setzen und 15 Minuten an einem warmen Ort gehen lassen. Den Backofen auf 180 °C vorheizen.

4. Das Ei mit dem Obers verquirlen und die Striezel damit bestreichen. Mit Hagelzucker bestreuen. Die Striezel im Backofen in etwa 25 Minuten hellbraun backen.

Tipp: Der Striezel schmeckt wunderbar zum Frühstück und zum Nachmittagskaffee.

Marillentarte

Für den Mürbteig:
200 g Mehl, 100 g Butter
50 g Zucker, 1 Ei
1 Prise Salz

Für den Belag:
400 g reife Marillen (Aprikosen)
30 g gehackte Mandeln
200 g Obers (Sahne), 2 Eier
30 g Zucker

Außerdem:
Butter für die Form
Hülsenfrüchte zum Blindbacken

1 Tarte (28 cm Durchmesser)

45 Minuten + Kühlzeit + Backzeit

1. Für den Teig alle Zutaten rasch zu einem glatten Teig kneten, diesen in Frischhaltefolie wickeln und 1 Stunde kühl stellen. Den Backofen auf 200 °C vorheizen. Eine Tarteform buttern und den Mürbteig zwischen zwei Bögen Frischhaltefolie etwas größer als die Form ausrollen. In die Form heben, einen etwa 2 cm hohen Rand formen. Ein passendes Stück Backpapier auf den Teig legen und mit Hülsenfrüchten belegen. Den Teig im Backofen 15 Minuten blind backen.

2. In der Zwischenzeit die Marillen waschen, halbieren und entkernen. Den Teig herausholen, Hülsenfrüchte und Backpapier entfernen. Den Backofen auf 180 °C zurückschalten. Gehackte Mandeln auf dem Teig verteilen, Marillenhälften mit der Schnittfläche nach oben draufsetzen. Obers, Eier und Zucker verquirlen und auf die Marillen gießen. Die Tarte 25 Minuten backen. Aus dem Ofen nehmen, etwas abkühlen lassen und vorsichtig aus der Form heben.

Marillenfleck

750 g Marillen (Aprikosen)
250 g Butter, 250 g Zucker
5 Eier
1 Päckchen Vanillezucker
4 EL Orangenlikör
abgeriebene Schale von 1/2 Bio-Zitrone
250 g Mehl

Außerdem:
Butter für die Form
Staubzucker zum Bestäuben

1 Tarte (28 cm Durchmesser)

30 Minuten + Backzeit

1. Marillen waschen, halbieren und entkernen. Butter und Zucker verrühren. Die Eier aufschlagen und nacheinander unterrühren. Die Mischung gut cremig rühren. Vanillezucker, Orangenlikör und Zitronenschale unterrühren. Das Mehl auf den Teig sieben und mit dem Kochlöffel unterziehen.

2. Den Backofen auf 180 °C vorheizen. Eine Tarteform buttern. Den Teig einfüllen und glatt streichen. Die Marillen mit der Wölbung nach oben dicht an dicht auflegen. Sie sinken beim Backen ein. Den Kuchen etwa 45 Minuten backen. Abkühlen lassen, aus der Form nehmen und mit Staubzucker bestäuben.

Omas Eierlikör

10 sehr frische Eidotter
1 Vanilleschote
400 g Staubzucker
400 ml Weingeist (Apotheke; ersatzweise Wodka oder weißer Rum)
4 cl Cognac
300 g Obers (Sahne)

Zum Servieren:
Schlagobers (geschlagene Sahne)
gemahlener Zimt und Zucker

etwa 1 1/2 l

30 Minuten + Ruhezeit

1. Die Eidotter durch ein feines Sieb passieren. Mit dem ausgekratzten Vanillemark und dem Staubzucker sehr schaumig schlagen. Den Weingeist und den Cognac untermixen. Obers halb steif schlagen und unterheben. Den Eierlikör in saubere Flaschen abfüllen und sehr kühl stellen. Mindestens 24 Stunden, besser einige Tage ruhen lassen. Vor dem Ausgießen gut aufschütteln.

2. Zum Servieren den Likör in schöne Gläser füllen und je einen Klecks Schlagobers und eine Prise Zimtzucker draufgeben.

Ribisel-Likör

500 g Ribisel (Johannisbeeren), Rote und Schwarze gemischt (ohne Stiele gewogen)
400 g Roh-Rohrzucker
2 Gewürznelken und 1/2 Zimtstange oder 1 Vanilleschote
1 l Apfelbrand

etwa 2 l

15 Minuten + Ruhezeit

1. Die Ribisel mit dem Zucker in ein großes Einmachglas füllen und über Nacht stehen lassen.

2. Am nächsten Tag die Gewürze (Vanilleschote längs aufschlitzen) und den Apfelbrand zugeben, das Glas verschließen und die Mischung bei Zimmertemperatur etwa 10 Wochen ziehen lassen. Anfangs das Glas täglich einmal schütteln, später einmal pro Woche, damit sich der Zucker auflöst und die Aromen sich verbinden.

3. Den Likör durch ein Sieb abgießen und in schöne Flaschen abfüllen. Ganz klar wird er, wenn man ihn noch einmal durch ein Tuch oder einen Kaffeefilter gießt.

Tipp: Sie können den Likör auch mit nur einer Sorte Ribisel zubereiten. Auch Weiße Ribisel eignen sich, ergeben aber einen sehr milden Likör.

Die Schürzenheldin aus der Beletage

Wiener Klassiker & die feine Küche –
wo die böhmische Köchin die Frau Hofrat verwöhnte

KAPITEL 4

FEINER, *edler und internationaler ging es schon immer in der kaiserlichen Hauptstadt Wien zu. Böhmen, Italien und der Orient mischen hier in der Küche mit. Es darf auch einmal teurer sein, wenn die Herrschaften in den Bürgerhäusern ihre Gäste empfangen: Da gibt es frische Artischocken, lackierte Ente und Donauwaller, aber auch Tafelspitz und Semmelkren, Wiener Schnitzel und Powidltaschen mit süßen Bröseln.*

Rindssuppe mit Frittaten

Für die Suppe:
1 kg Suppenfleisch vom Rind (z. B. Wadschinken / Beinscheiben, Querrippe)
Salz
1 Zwiebel
1 Karotte
50 g Knollensellerie
1 Stange Staudensellerie
1/2 Stange Lauch
2 Knoblauchzehen
1 Lorbeerblatt
einige Stängel Petersilie
1 Zweig Thymian
1 Gewürznelke
10 Pfefferkörner

Für die Frittaten:
75 g Mehl
1 Ei
200 ml Milch
Salz
etwa 3 EL Butter zum Ausbacken

Außerdem:
2 EL Schnittlauchröllchen zum Bestreuen

4 Personen

45 Minuten + Garzeiten

1. Für die Rindssuppe das Suppenfleisch kalt abbrausen, in einen Topf geben und mit kaltem Wasser bedecken. Zum Kochen bringen, salzen und bei schwacher Hitze etwa 1 Stunde leise kochen lassen.

2. In der Zwischenzeit die ungeschälte Zwiebel quer halbieren und in einer beschichteten Pfanne ohne Fett rösten, bis sich die Schnittflächen dunkelbraun färben. Gemüse waschen und putzen. Knoblauch leicht andrücken, Kräuter waschen. Alle Zutaten zum Fleisch geben, eventuell etwas kaltes Wasser zugießen, sodass alle Zutaten bedeckt sind. Die Suppe etwa 1 Stunde leise kochen lassen, dann durch ein Sieb abgießen. Mit Salz abschmecken.

3. Während die Suppe kocht, für die Frittaten aus Mehl, Ei und Milch einen glatten Teig rühren und mit etwas Salz würzen. Den Teig etwa 30 Minuten ruhen lassen. Sollten im Teig kleine Klümpchen sein, am besten durch ein feines Sieb passieren. Ein kleines Stück Butter in einer großen Pfanne aufschäumen lassen, ein Viertel des Teigs in der Pfanne verteilen und den Pfannkuchen von beiden Seiten goldgelb backen. Restlichen Teig genauso verarbeiten.

4. Die gebackenen Pfannkuchen aufrollen und in dünne Streifen schneiden. Die Frittaten direkt vor dem Servieren in die Suppe geben. Die Suppe auf tiefe Teller oder Suppenschalen verteilen und mit Schnittlauch bestreuen.

„WER DAS GLÜCK HAT, *in Österreich eine frisch gefangene Reinanke zu bekommen, der sollte Reinankenfilets mit ihrem festen, wohlschmeckenden Fleisch anstelle der Saiblingsfilets verwenden.“*

Apfel-Kren-Suppe mit pochiertem Saibling

1 Zwiebel
400 g säuerliche Äpfel
2 EL Butter
700 ml Hühnersuppe (-brühe)
1/4 l Apfelsaft
3 EL frisch geriebener Kren (Meerrettich)
150 g Crème double
3 EL Apfelbalsam (ersatzweise milder Apfelessig oder Balsamico-Essig)
Salz, Pfeffer aus der Mühle
1 Saiblingsfilet mit Haut (etwa 200 g; ohne Gräten)
Dill oder Brunnenkresseblättchen zum Garnieren

4 Personen

40 Minuten

1. Die Zwiebel schälen und würfeln. Äpfel schälen, vierteln, vom Kerngehäuse befreien und klein schneiden. Die Butter in einem Topf erhitzen und die Zwiebel darin andünsten. Apfelstücke zufügen, kurz mit andünsten und mit 1/4 l Hühnersuppe und dem Apfelsaft auffüllen. Etwa 15 Minuten bei schwacher Hitze kochen lassen.

2. Kren und Crème double einrühren und die Suppe mit einem Mixstab fein pürieren. Nach Belieben durch ein feines Sieb passieren, dabei Rückstände im Sieb gut auspressen. Die Suppe mit Apfelbalsam, Salz und Pfeffer abschmecken.

3. Restliche Hühnersuppe in einem Topf zum Kochen bringen. Das Saiblingsfilet in vier gleich große Stücke schneiden und mit der Hautseite nach unten in die Suppe legen. Die Filetstücke sollten davon bedeckt sein. Die Hitze zurückschalten und die Filetstücke etwa 6 Minuten in der Suppe ziehen lassen. Filetstücke vorsichtig aus dem Topf heben und die Haut abziehen.

4. Die Suppe in vier tiefe Teller füllen, jeweils ein Stück Saiblingsfilet hineingeben und mit Dill oder Brunnenkresse garnieren.

„ARTISCHOCKE war in meiner Jugend für mich so was Exotisches und Unbekanntes, dass es in meinen Augen auch wenig Sinn gemacht hat, wenn man dann an einem Blättchen nagt – dass das Essen sein soll. Richtig lieben gelernt habe ich die Artischocken erst, als ich festgestellt habe: Innen drin sind die Artischockenböden, da hat man ein bisschen mehr als an den Fuseln. Sie sind auch völlig einfach zu machen. Eigentlich haben mich die Italiener richtig zu den Artischocken gebracht. Es gibt nichts Köstlicheres."

Artischockensalat mit Ribisel-Vinaigrette

und gratiniertem Ziegenkäse

4 große Artischocken
Saft von 1 Zitrone
Salz
50 g Rote Ribisel (Johannisbeeren)
1/2 TL Zucker
Pfeffer aus der Mühle
6 EL Olivenöl
1 TL gehackter Estragon
4 kleine frische Ziegenkäse
1 TL gemahlene Haselnusskerne
2 EL Semmelbrösel
2 EL weiche Butter

4 Personen

50 Minuten

1. Die Artischockenstiele mit einem Sägemesser knapp unter dem Boden abtrennen. Die Blätter über dem Boden abschneiden. Mit dem Sägemesser die äußeren Blätter um den Boden herum abschneiden, dabei darauf achten, dass man nicht in das Fleisch des Bodens schneidet. Boden mit einem kleinen, scharfen Messer von allen holzigen Stellen befreien. Das Heu im Inneren der Artischocken mit einem Kugelausstecher oder einem Löffel herausschneiden. Die so vorbereiteten Artischockenstücke in eine Schüssel mit kaltem Wasser und dem Saft von 1/2 Zitrone geben.

2. In einem Topf reichlich Wasser mit dem restlichen Zitronensaft und etwas Salz zum Kochen bringen. Die geputzten Artischockenstücke hineingeben. Mit einem Teller beschweren, sodass sie mit Wasser bedeckt sind. Artischockenstücke bei schwacher Hitze in etwa 10 Minuten bissfest kochen. Im Sud abkühlen lassen.

3. Die Ribisel durch ein Sieb streichen, Saft auffangen und mit Zucker, Salz und Pfeffer verrühren. Das Olivenöl einrühren und den Estragon zufügen. Den Backofen auf 200 °C vorheizen. Die Ziegenkäse auf ein mit Backpapier ausgelegtes Blech setzen. Haselnüsse, Semmelbrösel und Butter vermischen und gleichmäßig auf dem Ziegenkäse verteilen. Alles etwa 5 Minuten überbacken, bis die Kruste goldbraun ist. Das Blech herausholen.

4. Artischockenstücke in dünne Scheiben schneiden, auf Tellern verteilen, mit Vinaigrette beträufeln. Je einen gratinierten Ziegenkäse daraufsetzen. Sofort servieren.

Artischocken-Erdäpfel-Püree

8 kleine Artischocken
Saft von 1 Zitrone
Salz
750 g mehligkochende Erdäpfel (Kartoffeln)
8 EL Olivenöl
1/2 TL Thymianblättchen
Pfeffer aus der Mühle

4 Personen
55 Minuten

1. Artischockenstiele mit einem Sägemesser knapp unter dem Boden abtrennen. Die Blätter über dem Boden abschneiden. Mit dem Sägemesser die äußeren Blätter um den Boden herum abschneiden, dabei darauf achten, dass man nicht in das Fleisch des Bodens schneidet. Boden mit einem kleinen, scharfen Messer von allen holzigen Stellen befreien. Heu im Inneren der Artischocken mit einem Kugelausstecher oder einem Löffel herausholen. Die so vorbereiteten Artischockenstücke in eine Schüssel mit kaltem Wasser und etwas Zitronensaft geben.

2. In einem Topf reichlich Wasser mit etwas Zitronensaft und etwas Salz zum Kochen bringen. Die geputzten Artischockenstücke hineingeben. Mit einem Teller beschweren, sodass sie mit Wasser bedeckt sind. Artischockenstücke bei schwacher Hitze in etwa 10 Minuten bissfest kochen.

3. Erdäpfel schälen, waschen und in einem Topf mit Wasser bedecken. Etwas Salz zufügen und die Erdäpfel bei mittlerer Hitze weich kochen.

4. Die Artischockenstücke aus dem Sud nehmen und in Würfel schneiden. 3 EL Olivenöl in einem Topf erhitzen, Artischocken zufügen und leicht anbraten. Erdäpfel abgießen, zu den Artischocken in den Topf geben, Thymian zufügen und das Ganze mit einem Kartoffelstampfer zermusen. Das Püree mit Salz, Pfeffer und dem übrigen Zitronensaft abschmecken und das restliche Olivenöl unterziehen. Das Artischocken-Erdäpfel-Püree mit frischem Weißbrot servieren.

Tipp: Das Püree passt hervorragend zu gebratenem Fisch, Huhn und Lammfleisch.

Paradeis-Fisolen

750 g reife Paradeiser (Tomaten)
1 große Zwiebel
2 Knoblauchzehen
4 EL Raps- oder Olivenöl
1 TL edelsüßes Paprikapulver
1 Zweig Thymian
1 Lorbeerblatt
500 g Fisolen (grüne Bohnen)
Salz, Pfeffer aus der Mühle

4 Personen

45 Minuten

1. Die Paradeiser mit kochendem Wasser überbrühen, kalt abschrecken und häuten. Das Fruchtfleisch klein schneiden, dabei die Stielansätze entfernen. Zwiebel und Knoblauch schälen und klein schneiden.

2. Das Öl in einem Topf erhitzen, Zwiebel und Knoblauch darin andünsten. Paradeiser, Paprikapulver, Thymian und Lorbeerblatt zugeben. Die Sauce etwa 15 Minuten einkochen lassen.

3. In der Zwischenzeit die Fisolen waschen, putzen und – je nach Länge – halbieren oder dritteln. Die Fisolen in die Paradeisersauce geben und zugedeckt in etwa 20 Minuten weich kochen. Thymian und Lorbeerblatt entfernen. Die Paradeis-Fisolen mit Salz und Pfeffer abschmecken.

Tipp: Eine wunderbare Beilage zum Tafelspitz (Seite 142), zu Rindsbraten oder Faschierten Laiberln (Seite 30). Als vegetarisches Hauptgericht zu Nudeln servieren und mit geriebenem Käse bestreuen.

Paradeiser-Kaltschale

500 g reife Paradeiser (Tomaten)
1 mittelgroße Zwiebel
3 EL kalt gepresstes Olivenöl
½ l kalte Fleischsuppe (-brühe)
Salz, Pfeffer aus der Mühle
Tabasco
evtl. 1 TL Zucker
100 g Obers (Sahne)
1 Spritzer trockener Sherry

4 Personen

15 Minuten

1. Die Paradeiser mit kochendem Wasser überbrühen, kalt abschrecken und häuten. Das Fruchtfleisch klein schneiden, dabei die Stielansätze entfernen. Die Zwiebel schälen und klein schneiden. Alles mit dem Olivenöl im Mixer oder mit dem Mixstab pürieren.

2. Die gut gekühlte Fleischsuppe unterrühren. Mit Salz, Pfeffer und Tabasco würzen. Eventuell noch den Zucker unterrühren. Zum Servieren die Kaltschale auf tiefe Teller oder Suppentassen verteilen. Obers halb steif schlagen und mit dem Sherry aromatisieren. Auf jede Portion einen Klecks Obers setzen.

Tipp: Schmeckt an heißen Sommertagen, wenn es richtig gute, sonnengereifte Paradeiser gibt.

Perlgraupen-Risotto

20 g getrocknete Morcheln
(ersatzweise Steinpilze)
250 g Perlgraupen
Salz
4 Frühlingszwiebeln
2 EL Butterschmalz
Cayennepfeffer
Pfeffer aus der Mühle
75 g Obers (Sahne)
100 ml Weißwein
2 EL geriebener Parmesan
Kerbel zum Garnieren

4 Personen

45 Minuten

1. Die Morcheln in etwa 3/4 l Wasser 10 Minuten einweichen. Durch ein Sieb abgießen, dabei das Einweichwasser auffangen. Die Morcheln in Streifen schneiden.

2. Die Graupen im Einweichwasser mit einer guten Prise Salz aufkochen und bei mittlerer Hitze in 10–15 Minuten weich kochen. Wenn gegen Ende der Garzeit die Flüssigkeit aufgebraucht ist, ständig rühren, damit die Graupen nicht anbrennen.

3. Die Frühlingszwiebeln waschen, putzen und in Ringe schneiden. In 2 EL heißem Butterschmalz andünsten. Die Morchelstreifen zufügen. Mit Cayennepfeffer, Salz und Pfeffer würzen. Obers und Weißwein zufügen und den Parmesan unterrühren. Die Graupen untermischen und das Gericht noch einmal heiß werden lassen. Das Graupenrisotto auf Teller verteilen und mit Kerbel garnieren.

VARIANTE

Graupenrisotto mit Artischocken: Graupenrisotto schmeckt auch mit Artischocken und Petersilie sehr gut. Dafür 4–8 kleine Artischocken bissfest kochen wie beim Artischocken-Erdäpfel-Püree auf Seite 135. 1 Bund Petersilie waschen und trocken tupfen, die Blättchen abzupfen und fein schneiden. Das Graupenrisotto zubereiten wie oben in Schritt 2 und 3 beschrieben. Statt der Morchelstreifen Artischockenböden und Petersilie zufügen.

„ES GIBT NUR wenige Gerichte, an denen man nichts verbessern kann, die einfach perfekt sind. Wiener Schnitzel gehört für mich eindeutig dazu."

Wiener Schnitzel mit Erdäpfel-Vogerl-Salat

Für die Schnitzel:
4 Kalbsschnitzel (je etwa 150 g; Oberschale oder Nuss)
Salz, Pfeffer aus der Mühle
2–3 Eier
etwa 50 g Mehl
etwa 200 g Semmelbrösel
etwa 300 g Schweine- oder Butterschmalz zum Braten

Für den Salat:
700 g festkochende Erdäpfel (Kartoffeln)
Salz
¼ l Gemüse- oder Fleischsuppe (-brühe)
1 Zwiebel
1 Knoblauchzehe
4 EL Rapsöl
1 EL Senf
Pfeffer aus der Mühle
3–4 EL Weißweinessig
200 g Vogerlsalat (Feldsalat)
1 EL Kürbiskernöl

Außerdem:
Zitronenschnitze zum Servieren

4 Personen

1 Stunde 15 Minuten + Marinierzeit

1. Für den Salat die Erdäpfel waschen und in kochendem Salzwasser etwa 30 Minuten garen. Die Suppe erhitzen, aber nicht kochen. Zwiebel und Knoblauch schälen und fein hacken. Die Erdäpfel abgießen, kurz ausdampfen lassen, schälen und in Scheiben schneiden. In eine Schüssel geben.

2. Die heiße Suppe mit Zwiebel, Knoblauch, Öl, Senf, Salz, Pfeffer und Essig vermischen und über die warmen Erdäpfel gießen. Vermengen und zugedeckt mindestens 1 Stunde ziehen lassen. Den Vogerlsalat waschen, putzen und zur Seite stellen.

3. Das Fleisch kurz abspülen und trocken tupfen. Mit einem Fleischklopfer ohne Noppen plattieren, es soll nicht dicker als einen halben Zentimeter sein. Die Schnitzel leicht salzen und pfeffern. Die Eier in einem Suppenteller gut verschlagen. Mehl und Semmelbrösel getrennt auf zwei flachen Tellern ausbreiten. Das Schmalz erhitzen. Jedes Schnitzel zuerst in Mehl wenden. Überschüssiges Mehl abklopfen. Schnitzel auf beiden Seiten durch das Ei ziehen und anschließend in den Semmelbröseln wenden.

4. Die panierten Schnitzel portionsweise in das Schmalz gleiten lassen und bei mittlerer Hitze von jeder Seite in 3–4 Minuten goldbraun braten. Sparen Sie nicht an Fett, die Schnitzel müssen schwimmen. Sie sollen nicht aneinanderstoßen, nur so bläht sich die Panade schön auf. Wenn Sie viele oder sehr große Schnitzel haben, besser mit zwei Pfannen arbeiten. Fertige Schnitzel auf Küchenpapier abtropfen lassen.

5. Den Vogerlsalat unter den Erdäpfelsalat heben und mit Kürbiskernöl beträufeln. Die Wiener Schnitzel mit Zitronenschnitzen und dem Salat servieren.

„IN MEINER FAMILIE können eigentlich alle gut kochen – aber meine Schwester Una in Wien kann's am besten. Ihr Tafelspitz ist nicht zu übertreffen."

Tafelspitz mit Semmelkren

von Una Wiener, Wien

Für den Tafelspitz:
1 Zwiebel
2 Karotten
1 Stück Knollensellerie
½ Stange Lauch
1 Petersilienwurzel
1 Stängel Liebstöckel
je ½ TL schwarze Pfefferkörner und Pimentkörner
1 Lorbeerblatt
Salz
1 kg Tafelspitz
5 Rindermarkknochen

Für den Semmelkren:
etwa 300 ml Fleischsuppe (-brühe)
2 altbackene Semmeln
2 Eidotter
1 Stück Kren (Meerrettich; etwa 10 cm)
einige Safranfäden
Salz, Pfeffer aus der Mühle
2 EL Schnittlauchröllchen

Für das Gemüse:
400 g bunte Karotten (gelb, violett)
400 g kleine Rote Rüben (Rote Beten)
Salz
4 EL Butter
½ TL Kümmelsamen

4 Personen

1 Stunde 30 Minuten + Garzeit

1. Die Zwiebel mit Schale halbieren. Das Suppengemüse waschen, putzen und in grobe Stücke schneiden. Zwiebel, Gemüse, Kräuter, Gewürze und Salz in einen großen Topf geben. Mit etwa 2 l Wasser auffüllen und zum Kochen bringen. Den Tafelspitz einlegen und bei schwacher Hitze zugedeckt etwa 2 Stunden kochen lassen. Bei Bedarf etwas Wasser nachgießen. 30 Minuten vor Ende der Garzeit die Markknochen einlegen.

2. Das Fleisch aus der Suppe nehmen und abgedeckt 15 Minuten ruhen lassen. Die Knochen herausnehmen. Suppe abseihen.

3. Für den Semmelkren die Fleischsuppe zum Kochen bringen und etwas einkochen lassen. Die Semmeln klein würfeln. Eidotter und so viel eingekochte Suppe unterrühren, dass eine weiche Masse entsteht. Den Kren schälen und reiben. Gut die Hälfte unter die Semmelmasse rühren. Den Safran in 1 TL Suppe auflösen und zugeben. Mit Salz und Pfeffer abschmecken.

4. Den Backofen auf 200 °C vorheizen. Den Tafelspitz in fingerdicke Scheiben schneiden und in eine große, flache ofenfeste Form legen. Die Fleischscheiben mit Semmelkren belegen, die Oberfläche glatt streichen. Etwas Fleischsuppe seitlich zugießen, sodass die Scheiben 1–1½ cm hoch in der Suppe liegen. Die Scheiben 15–20 Minuten im Ofen gratinieren.

5. In der Zwischenzeit Karotten und Rote Rüben schälen. Die Karotten in Stifte und die Rüben in 1 cm dicke Scheiben schneiden. Karotten in Salzwasser bissfest kochen, abgießen und in zerlassener Butter schwenken. Die Rüben in Butter von beiden Seiten anbraten, mit zerstoßenem Kümmel und Salz würzen. Die Tafelspitzscheiben mit dem restlichen Kren und Schnittlauch bestreuen und mit dem Gemüse servieren.

„EINMAL IM INTERNAT, als ich so zwölf war, da gab's Beuschel, ich war aber Vegetarierin damals. Dann stand das vor mir, und ich hab mich geweigert – und ich war schon immer stur. Alle waren schon aufgestanden, und ich musste sitzen bleiben. Und da saß ich dann ganz alleine und heulte 'ne Stunde lang rum. Und auf einmal geht die Tür auf, da kommt die Sticksi, ein Mädchen, ein oder zwei Klassen über mir, rein und sagt: ‚Wos is'n? Warum weinst'n du?' ‚Ja, ich muss diesen Teller leer essen, und ich will nicht.' Da nimmt die den, schmeißt den in den Müll und sagt: ‚So, jetzt hast du ihn aufgegessen.' Inzwischen liebe ich Beuschel."

Salonbeuschel

Für das Beuschel:
je 300 g Kalbslunge und Kalbsherz
1 $\frac{1}{2}$ l Fleischsuppe (-brühe)
1 Zwiebel
1 Karotte
je 1 Stück Knollensellerie und Lauch
1 Gewürznelke, 1 Lorbeerblatt
1 TL schwarze Pfefferkörner
1 Zweig Thymian
1 TL Salz

Für die Sauce:
2–3 EL Butter
1 gehäufter EL Mehl
$\frac{1}{8}$ l trockener Weißwein
1 TL Kapern
2 Gewürzgurken
1 EL Weißweinessig
Salz, Pfeffer aus der Mühle
1 TL abgeriebene Schale einer Bio-Zitrone
150 g Obers (Sahne)
150 g Sauerrahm
1 Bund Petersilie

4 Personen
2 Stunden

1. Lunge und Herz vom Metzger parieren lassen. Sorgfältig waschen und mit der Fleischsuppe in einen großen Topf geben. Zwiebel schälen und halbieren, die Gemüse waschen und putzen. Zwiebel und Gemüse in die Suppe geben. Gewürze, Thymian und das Salz zufügen und alles zum Kochen bringen. Bei schwacher Hitze zugedeckt etwa 35 Minuten kochen lassen.

2. Die Lunge herausnehmen und in kaltem Wasser abkühlen lassen. Nach insgesamt 50 Minuten Garzeit das Herz herausnehmen, ebenfalls in kaltem Wasser abkühlen lassen. Den Sud abseihen und auf etwa $\frac{1}{2}$ l einkochen lassen. Lunge und Herz in sehr dünne Streifchen schneiden.

3. Für die Sauce die Butter in einem großen Topf zerlassen. Das Mehl einstreuen und unter Rühren braun anschwitzen. Mit Weißwein und etwas Garsud ablöschen und mit dem Schneebesen glatt rühren. Kapern und Gewürzgurken fein hacken und zugeben. Restlichen Sud unterrühren und die Sauce etwa 15 Minuten leise kochen lassen.

4. Die Innereien dazugeben, mit Essig, Salz, Pfeffer und Zitronenschale abschmecken und 15 Minuten bei schwacher Hitze ziehen lassen. Obers und Sauerrahm verquirlen, unterrühren und noch einmal abschmecken. Die Petersilie waschen, trocken tupfen und fein hacken. Das Salonbeuschel auf Teller verteilen, mit der Petersilie bestreuen und servieren.

Tipp: Dazu passen Semmel- (Seite 108) oder Serviettenknödel.

Knusprige Entenbrust
mit Mohnnudeln und heißen Marillen

von Ilse Gutmann, Zöbing

Für die Entenbrust:
4 Entenbrustfilets mit Haut
(je 180–200 g)
2 Knoblauchzehen
5 EL Honig
abgeriebene Schale von je 1 Bio-Zitrone und -Orange
1 EL grob geriebener Pfeffer
1 EL im Mörser zerstoßene Kümmelsamen
1/2 TL gemahlener Koriander
1 TL geriebener Ingwer
evtl. einige EL Bier

Für die Mohnnudeln:
500 g mehligkochende Erdäpfel (Kartoffeln)
Salz
125 g griffiges Mehl (Type 550)
30 g gequetschter Mohn
Muskatnuss
2 EL Butterschmalz
50 g geriebener Bergkäse

Für die heißen Marillen:
250 g Marillen (Aprikosen)
2 EL Butter
2 EL Zucker
1 Knoblauchzehe
1 EL Marillenschnaps
2 EL süßsaure Chilisauce

4 Personen

1 Stunde 30 Minuten

1. Für die Mohnnudeln die Erdäpfel schälen, vierteln und in wenig Salzwasser gar kochen. Kurz ausdampfen lassen und mit dem Kartoffelstampfer zerdrücken. Mehl und Mohn dazugeben und alles zu einem Teig verkneten. Mit Salz und Muskatnuss abschmecken. Aus dem Teig Rollen von etwa 3 cm Durchmesser formen. Stücke abschneiden und zu fingerdicken Rollen formen, die an den Enden spitz zulaufen.

2. Für die Entenbrust den Backofen auf 140 °C vorheizen. Für den Entenlack den Knoblauch schälen und durchpressen. Mit den übrigen Zutaten (außer dem Bier) verrühren. Eventuell etwas Bier unterrühren, sodass man eine streichfähige Paste hat.

3. Eine Pfanne erhitzen und die Entenbrustfilets zunächst mit der Hautseite nach unten anbraten. Umdrehen und auf der zweiten Seite anbraten. Die Filets nebeneinander in eine flache Auflaufform legen. Mit dem Entenlack bestreichen und 15 Minuten im heißen Backofen garen.

4. In der Zwischenzeit die Marillen waschen, vierteln und entkernen. Die Butter in einer Pfanne erhitzen, Zucker einrühren. Wenn sich die Zuckerkristalle aufgelöst haben, den Knoblauch schälen und zerdrücken, mit den Marillenvierteln zugeben und unter Rühren anbraten. Mit dem Schnaps ablöschen. Die Chilisauce einrühren, den Topf vom Herd nehmen und die Marillen warm halten.

5. Die Entenbrustfilets aus dem Ofen holen, mit Alufolie abdecken und 10 Minuten ruhen lassen. In der Zwischenzeit die Mohnnudeln braten. Dafür das Butterschmalz in einer Pfanne erhitzen und die Nudeln darin portionsweise rundherum goldgelb braten. Auf eine vorgewärmte Platte geben, mit dem Käse bestreuen und im Backofen warm halten, bis alle Nudeln gebraten sind.

6. Die Entenbrustfilets schräg in dünne Scheiben schneiden und mit den Mohnnudeln und den heißen Marillen servieren.

„MAX IST EIN KOCH der neuen Generation: jung, selbstbewusst, kreativ, experimentierfreudig, mit Bezug zu traditionellen regionalen Spezialitäten. Wir mochten uns sofort. Max wohnt im Burgenland, und das heißt, dass ich ihn sicher öfters von Wien aus besuchen werde."

Pannonische Fischsuppe von Max Stiegl, Purbach

Für die Suppe:

100 g durchwachsener Räucherspeck
1 Zwiebel, 1 Knoblauchzehe
80–100 g Ingwer
2 rote Spitzpaprikaschoten (etwa 250 g)
1 EL edelsüßes Paprikapulver
1/2 TL Safranfäden (ersatzweise 1 EL gemahlene Kurkuma)
1 EL Paradeismark (Tomatenmark) oder 2–3 reife Paradeiser in Würfeln
1 l trockener Weißwein
1 l Fischfond (aus dem Glas oder selbst gemacht, siehe Tipp)
4 cl Anisschnaps (z. B. Pernod)
1 EL Crème fraîche, Salz
Cayennepfeffer, gemahlener Koriander
Saft von 1/2 Limette
3 EL kalte Butter
Majoranblättchen zum Garnieren

Für die Einlage:

1 kg Filet von Süßwasserfischen (Hecht, Zander, Aal)
1 kleine Fenchelknolle
2 Stangen Staudensellerie
5 getrocknete Paradeiser (Tomaten; in Öl)
2–3 EL Butter
Salz, Pfeffer aus der Mühle

4–6 Personen

1 Stunde

1. Für die Suppe den Räucherspeck fein würfeln und in einem großen Topf anbraten. Zwiebel, Knoblauch und Ingwer schälen, fein schneiden und zugeben. Die Paprikaschoten waschen, putzen und fein schneiden. Ebenfalls in den Topf geben und unter Rühren anbraten. Paprikapulver, Safran und Paradeismark oder Paradeiswürfel zugeben und kurz mitdünsten. Mit Weißwein ablöschen. Den Fischfond und etwa 1/2 l Wasser zugeben. Die Suppe 10–15 Minuten kochen lassen.

2. Während die Suppe kocht, die Fischfilets waschen, trocken tupfen und in mundgerechte Stücke schneiden. Fenchel und Staudensellerie waschen und putzen. Getrocknete Paradeiser abtropfen lassen und mit Fenchel und Sellerie in kleine Würfel schneiden. Butter in einer Pfanne erhitzen. Fischstücke und Gemüsewürfel darin rundherum anbraten. Mit Salz und Pfeffer würzen und warm stellen.

3. Anisschnaps und Crème fraîche in die Suppe einrühren. Die Suppe mit dem Mixstab pürieren und durch ein Sieb in einen Topf passieren. Mit Salz, Cayennepfeffer, Koriander und Limettensaft abschmecken. Mit dem Mixstab aufmixen, die kalte Butter untermixen. Die Fischstücke und das Gemüse einlegen und die Suppe mit Majoranblättchen garniert servieren.

Tipp: Für einen Fischfond 500 g Karkassen (vom Fischhändler) mit 1 geschnittenen Schalotte, je einem Stück Karotte, Staudensellerie, Lauch und 2 Knoblauchzehen in einen Topf geben. 2 EL Olivenöl, 1 TL weiße Pfefferkörner, 1 TL Salz, 1 Lorbeerblatt und 1 TL Thymian zugeben. 200 ml Weißwein und 1/2 l Wasser dazugeben, alles aufkochen und den Schaum abschöpfen. Bei schwacher Hitze 20 Minuten kochen lassen und abseihen. Wieder erhitzen und auf die Hälfte einkochen lassen.

Gebratener Saibling
mit Erdäpfelstampf und Rote-Rüben-Chips

Für den Erdäpfelstampf:
1,2 kg mehligkochende Erdäpfel (Kartoffeln)
Salz
1/4 l Milch
100 g Butter
Muskatnuss

Für die Rote-Rüben-Chips:
1 Rote Rübe (Rote Bete; etwa 200 g)
1/2 l Sonnenblumenöl
Salz

Für den Saibling:
4 Saiblingsfilets mit Haut (je etwa 150 g)
2 EL Sonnenblumenöl
Salz, Pfeffer aus der Mühle
100 g Butter
4 Zweige Thymian
2 Knoblauchzehen

4 Personen

40 Minuten

1. Für den Erdäpfelstampf die Erdäpfel schälen, vierteln, in leicht gesalzenem Wasser weich kochen und abgießen. Zurück in den Topf geben, kurz ausdampfen lassen und Milch und Butter zufügen. Einmal aufkochen, mit einem Stampfer zermusen und mit Salz und Muskatnuss abschmecken. Den Erdäpfelstampf abgedeckt warm halten.

2. Für die Rote-Rüben-Chips die Rübe schälen und mit einem Gemüsehobel oder einem Messer in hauchdünne Scheiben schneiden. Das Öl auf 170 °C erhitzen (ein Holzstäbchen ins Öl halten; wenn Bläschen aufsteigen, ist das Fett heiß genug). Die Gemüsescheiben im heißen Fett portionsweise frittieren, bis sie etwas bräunlich werden und knusprig sind. Chips mit einer Schaumkelle aus dem Fett heben und auf Küchenpapier abtropfen lassen. Bis zum Servieren warm halten.

3. Die Saiblingfilets waschen, trocken tupfen und auf Gräten kontrollieren. Falls vorhanden, mit der Pinzette entfernen. Das Öl in einer beschichteten Pfanne erhitzen. Die Filets mit Salz und Pfeffer würzen und mit der Hautseite nach unten in die Pfanne setzen. Die Filets 30 Sekunden mit einem Pfannenwender andrücken, damit die Haut gleichmäßig gebraten und knusprig wird. Die Filets nach etwa 1 Minute wenden, sobald die Haut knusprig ist. Butter, Thymianzweige und leicht gequetschten Knoblauch zufügen und die Filets etwa 10 Sekunden braten. Sie sollen noch leicht glasig sein.

4. Zum Anrichten den Erdäpfelstampf auf vier Teller verteilen und mit der Butter aus der Pfanne beträufeln. Jeweils ein Saiblingsfilet daraufsetzen, die Rote-Rüben-Chips salzen, ringsum verteilen und das Ganze sofort servieren.

Donauwaller mit Schmorgurken

von Christian Göttfried, Alkoven

4 Wallerfilets mit Haut (je 200–250 g; ersatzweise Zanderfilets)
Salz, weißer Pfeffer aus der Mühle
1 TL Kümmelsamen
Saft von 1 Zitrone
500 g Schmorgurken (Gartengurken, ersatzweise Salatgurken)
1 Schalotte
4 EL Butter
100 ml Gemüsesuppe (-brühe)
1 Stückchen Bio-Zitronenschale
2–3 EL Mehl
2 EL Sauerrahm
1 EL Obers (Sahne)
Pfeffer aus der Mühle
2 EL gehackter Dill

4 Personen

45 Minuten

1. Die Wallerfilets waschen, trocken tupfen und mit Salz, weißem Pfeffer, im Mörser zerstoßenem Kümmel und Zitronensaft würzen.

2. Die Gurken schälen, je nach Größe längs halbieren oder vierteln und die Kerne herauskratzen. Die Gurken in 1 cm dicke Stücke schneiden.

3. Die Schalotte schälen und fein hacken. 1 EL Butter in einem Topf erhitzen und die Schalotte darin anbraten. Die Gurkenstücke dazugeben und kurz andünsten. Mit der Gemüsesuppe aufgießen und die Zitronenschale zugeben. Die Gurken etwa 5 Minuten zugedeckt bei schwacher Hitze garen.

4. In einer großen Pfanne die übrigen 3 EL Butter erhitzen. Die Fischfilets auf der Hautseite jeweils einmal einschneiden und in Mehl wenden. Filets bei mittlerer Hitze auf der Hautseite in der Butter kross braten – das dauert je nach Dicke 4–5 Minuten. Filets wenden und auf der zweiten Seite 1–2 Minuten braten.

5. Die Zitronenschale aus dem Gurkengemüse entfernen. Den Sauerrahm mit dem Obers verrühren und die Schmorgurken damit verfeinern. Mit Salz, Pfeffer und Dill würzen und mit dem Fischfilet anrichten.

Tipps: Dazu passen Salzerdäpfel, die kurz vor dem Servieren in zerlassener Butter mit gehackter Petersilie geschwenkt werden. Christian Göttfried bindet das Gurkengemüse noch mit vorbereitetem beurre manié: dafür 1 TL Mehl mit 1 TL weicher Butter gut verkneten und zu einer Kugel formen. Im Kühlschrank fest werden lassen und bei Schritt 5 vor Zugabe der Sauerrahm-Obers-Mischung in das Gurkengemüse einrühren. So lassen sich Saucen und Suppen ohne Klümpchen mit einem feinen Buttergeschmack binden.

Mohnschupfnudeln mit Vanillesauce

Für die Vanillesauce:
$^{1}/_{4}$ l Milch
250 g Obers (Sahne)
$^{1}/_{2}$ Vanilleschote
50 g Zucker
5 Eidotter

Für die Schupfnudeln:
500 g mehligkochende Erdäpfel (Kartoffeln)
Salz
300 g Topfen (Quark; 20 % Fett)
2 Eidotter
30 g Hartweizengrieß
50 g Mehl

Außerdem:
Mehl für Arbeitsfläche und Backpapier
4 EL Butter
4 EL gequetschter Mohn
Staubzucker zum Bestäuben

4–8 Personen
1 Stunde

1. Für die Vanillesauce Milch und Obers mit der aufgeschnittenen Vanilleschote in einen Topf geben und zum Kochen bringen. Zucker mit den Eidottern schaumig schlagen. Sobald die Milch kocht, den Topf zur Seite stellen und alles abgedeckt 10 Minuten ziehen lassen. Die Vanilleschote herausholen, das Mark auskratzen und in die Milch geben. Die heiße Milch unter ständigem Rühren mit dem Schneebesen zu den Eidottern gießen. Die Masse zurück in den Topf geben und bei schwacher Hitze unter Rühren kochen, bis sie leicht andickt. Sofort durch ein feines Sieb in ein Kännchen gießen und abkühlen lassen.

2. Für die Schupfnudeln die Erdäpfel in Salzwasser weich kochen. Erdäpfel abgießen, schälen und ausdampfen lassen. Durch eine Presse drücken und mit den übrigen Zutaten rasch zu einem glatten Teig kneten. Den Teig auf bemehlter Arbeitsfläche zu zwei gleichmäßigen Rollen von 3 cm Durchmesser formen. Die Rollen in etwa 2 cm lange Stücke teilen. Diese mit dem Handballen zu spitz auslaufenden Röllchen formen und auf ein bemehltes Backpapier setzen.

3. In einem Topf reichlich Wasser zum Kochen bringen und salzen. Die Schupfnudeln vom Backpapier ins kochende Wasser gleiten lassen und die Hitze reduzieren. Die Nudeln etwa 3 Minuten garen, bis sie an der Oberfläche schwimmen. Mit einer Schaumkelle aus dem Wasser heben und abtropfen lassen.

4. Butter in einer Pfanne erhitzen, Mohn zufügen und etwa 1 Minute leicht anbraten. Die Nudeln in der Pfanne schwenken, mit Staubzucker bestäuben und mit der Vanillesauce servieren.

Powidltaschen mit Butter-Zimt-Bröseln

Für die Powidltaschen:
300 g mehligkochende Erdäpfel (Kartoffeln)
2 Eidotter
50 g Speisestärke
25 g weiche Butter
Salz
evtl. etwas Mehl
100–150 g Powidl (Zwetschgenmus; siehe unten)
1 Eidotter zum Bestreichen

Für die Butter-Zimt-Brösel:
40 g Butter
2 EL Zucker
1 TL gemahlener Zimt
75 g Semmelbrösel

Außerdem:
Mehl für die Arbeitsfläche
1 Eidotter

4–6 Personen

1 Stunde 35 Minuten

1. Für die Taschen die Erdäpfel waschen und in kochendem Wasser etwa 30 Minuten garen. Den Backofen auf 200 °C vorheizen. Die Erdäpfel schälen und in eine kleine Schüssel legen. Im heißen Ofen etwa 10 Minuten ausdampfen lassen. Durch die Presse drücken. Mit Eidottern, Stärke, Butter und 1 Prise Salz zu einem glatten Teig kneten und 15 Minuten ruhen lassen.

2. In einem Töpfchen etwas Wasser zum Kochen bringen. Vom Teig mit einem Teelöffel ein Stück abstechen, rund formen und als Probeknödelchen ins Wasser geben. Wenn das Knödelchen zu weich ist und auseinanderfällt, noch etwas Mehl unter den Teig kneten.

3. Den Teig auf der mit Mehl bestreuten Arbeitsfläche 2 mm dick ausrollen und 12–16 Kreise mit einem Durchmesser von 8 cm ausstechen. Auf jeden Kreis 1 TL Powidl setzen. Eidotter mit etwas Wasser verquirlen und die Teigränder damit bestreichen. Kreise zu Halbkreisen zusammenklappen und die Ränder mit einer Gabel vorsichtig festdrücken. In einem großen Topf Wasser zum Kochen bringen und salzen. Die Teigtaschen einlegen, die Hitze reduzieren und die Taschen 8–10 Minuten in siedendem Wasser garen.

4. In der Zwischenzeit für die Brösel die Butter in einer Pfanne zerlassen. Den Zucker einrühren, bis er sich aufgelöst hat. Die Pfanne vom Herd nehmen. Zimt und Semmelbrösel unterrühren, bis die Brösel die Butter vollständig aufgenommen haben. Die Powidltaschen mit einer Schaumkelle herausnehmen und abtropfen lassen. In den Bröseln wenden und servieren.

SELBST GEMACHTES POWIDL

Echtes Powidl zu kochen braucht Zeit: Mindestens 2–3 kg reife, süße Zwetschgen werden gewaschen, von den Stielen befreit und in einem großen Topf langsam erhitzt. Dann kocht man die Zwetschgen unter ständigem Rühren so lange, bis sie zermust sind und sich die Kerne vom Fruchtfleisch gelöst haben. Powidl durch ein gröberes Sieb passieren, wieder in einen Topf geben und bei schwacher Hitze mehrere Stunden unter ständigem Rühren sehr dick einkochen lassen. Vorsicht – es brennt leicht an! In sterilisierte Gläser füllen und erkalten lassen.

Marillenknödel mit Butter-Nuss-Bröseln

von Ilse Gutmann, Zöbing

Für den Teig:
750 g Topfen (Quark; Magerstufe)
3 Eier
180 g kalte Butter
400 g Mehl (am besten doppelgriffiges Wiener Griessler)

Für die Füllung:
24 kleine Marillen (Aprikosen)
24 Stücke Würfelzucker

Für die Butter-Nuss-Brösel:
60 g Butter
60 g gemahlene Walnusskerne
60 g Semmelbrösel

Außerdem:
Mehl für die Hände
evtl. Staubzucker zum Bestäuben

6 Personen

50 Minuten + Ruhezeiten

1. Die Zutaten für den Teig rasch verkneten. Zugedeckt einige Stunden ruhen lassen, damit er nicht mehr klebt.

2. Für die Füllung die Marillen waschen und abtrocknen. Mit einem Kochlöffelstiel in jede Marille bohren und den Kern herausstoßen. Diese Methode funktioniert nur bei ganz reifen Früchten, bei denen sich der Kern gut löst. In anderen Fällen die Frucht längs aufschneiden, die Hälften auseinanderziehen und den Kern entfernen.

3. Entweder durch das Loch des Einstichs oder durch den Schlitz je 1 Zuckerwürfel in jede Marille füllen und die Frucht wieder zuklappen. In einem großen Topf reichlich Wasser zum Kochen bringen. Vom Teig mit einem Esslöffel Portionen abstechen und diese zu flachen Fladen drücken. Auf jeden Fladen eine gefüllte Marille setzen. Mit bemehlten Händen den Teig um die Frucht herum schließen und zu einem runden Knödel formen.

4. Die Knödel portionsweise ins kochende Wasser legen und die Hitze sofort zurückschalten. Die Knödel im siedenden Wasser etwa 20 Minuten ziehen lassen.

5. In der Zwischenzeit die Butter-Nuss-Brösel zubereiten. Dafür die Butter in einem Pfännchen zerlassen. Gemahlene Nüsse und Semmelbrösel einrühren und die Pfanne vom Herd nehmen.

6. Die Knödel mit der Schaumkelle herausheben und in einem Sieb kurz abtropfen lassen. In den Butter-Nuss-Bröseln wälzen, nach Belieben mit Staubzucker bestäuben und heiß servieren.

*„**FÜR MICH** ist ein Tag ohne Dessert oder Süßspeise ein vergeudeter Tag. Und ich danke Gott jeden Tag auf Knien, dass ich anscheinend eine gute Zuckerverbrennung habe, sonst wäre ich eine Walze, die sich durch Berlin wälzt. Was gibt es Schöneres, als jemandem mit einer Süßspeise seine Liebe zu zeigen und ihm einen schönen Moment zu bereiten?"*

Schokoladencreme mit Orangensalat

200 g Zartbitterschokolade (60 % Kakao)
5 Eier, 150 g Zucker
125 g Obers (Sahne)
4 cl Rum
3 Orangen
100 ml frisch gepresster Orangensaft
1 EL Akazienhonig
2 Zweige Rosmarin

4 Personen

30 Minuten + Kühlzeit

1. Schokolade klein hacken und in einer Schüssel über einem heißen Wasserbad schmelzen. Eier trennen. Eiklar schaumig schlagen, 100 g Zucker einrieseln lassen und schlagen, bis er sich aufgelöst hat. Obers steif schlagen. Eidotter mit dem restlichen Zucker hell-cremig schlagen, Rum unterziehen, Schokolade unterrühren. Schlagobers und Eischnee unterheben. Die Schokoladencreme mindestens 3 Stunden kühl stellen.

2. Die Orangen mit einem Messer schälen und filetieren. Saft auffangen und mit dem Orangensaft in einen Topf geben. Honig und 1 Zweig Rosmarin zufügen und den Saft auf die Hälfte einkochen. Abkühlen lassen und über die Orangenfilets verteilen. Den Orangensalat mit Rosmarin garnieren. Von der Schokoladencreme Nocken abstechen und mit dem Orangensalat servieren.

Mohnmousse

500 g Obers (Sahne)
200 g gequetschter Mohn
2 Blatt Gelatine
4 Eidotter, 4 EL Zucker
1 EL Vanillezucker, 1 EL Honig
2 TL Zitronensaft
frische rote Beeren (Ribisel/Johannisbeeren, Himbeeren) zum Servieren

6 Personen

30 Minuten + Kühlzeit

1. Das Obers mit dem Mohn in einem Topf aufkochen, vom Herd ziehen und 15 Minuten abkühlen lassen. Die Gelatine in kaltem Wasser einweichen. Eidotter mit Zucker, Vanillezucker und Honig hell-cremig schlagen.

2. Die Gelatine ausdrücken und unter Rühren in der warmen Mohncreme auflösen. Obers langsam in die Eidottercreme einrühren. Mit Zitronensaft abschmecken. Die Mousse in Portionsschälchen oder -gläser füllen und mindestens 3 Stunden kühl stellen. Mit frischen Beeren servieren.

„SO MANCHES REZEPT habe ich von meinen eigenen Köchen erbeten, weil sie mich mit diversen Köstlichkeiten überrascht haben, da ist zum Beispiel diese Topfenspeise von Johannes. Er steht hier stellvertretend für alle leidenschaftlichen jungen Köche in meinem Betrieb, von denen ich altes Mädchen jeden Tag noch dazulernen kann. Ich empfinde das als großes Glück und als Bereicherung! Ich hoffe, umgekehrt ist es auch so."

Topfenspeise mit Safranquitten
und Waldbeerenragout

von Johannes Pawlick, Berlin

Für die Topfencreme:
500 g Topfen (Quark; Magerstufe)
3 Blatt Gelatine
2 gehäufte EL Vanillezucker
50–100 g Zucker
1 Vanilleschote
4 cl Orangenlikör
300 g Obers (Sahne)

Für die Safranquitten:
3 Quitten (etwa 800 g)
¼ l Weißwein
½ Zimtstange
¼ TL Safranfäden
100 g Gelierzucker 1:1

Für das Waldbeerenragout:
200 g gemischte Waldbeeren (Brombeeren, Himbeeren, Heidelbeeren)
50 ml Rotwein
½ Zimtstange
50 ml Orangensaft
200 g Gelierzucker 1:1
einige Beeren und Melisseblättchen zum Garnieren

6–8 Personen

1 Stunde 15 Minuten + Ruhezeiten

1. Den Topfen mindestens 8 Stunden in einem Sieb abtropfen lassen. Die Gelatine in kaltem Wasser einweichen. Topfen mit Vanillezucker, Zucker und dem ausgekratzten Vanillemark verrühren. Den Orangenlikör leicht erwärmen und die eingeweichte Gelatine darin unter Rühren auflösen. Einige Esslöffel der Topfenmasse in die warme Gelatine einrühren, dann diese Mischung in die restliche Topfenmasse rühren. Obers steif schlagen und unterheben. Die Topfencreme kühl stellen.

2. Die Quitten waschen, schälen und vom Kerngehäuse befreien. Das Fruchtfleisch in sehr kleine Würfel schneiden. Den Weißwein mit Zimtstange und Safran in einen Topf geben und aufkochen. Quitten und Gelierzucker zugeben und etwa 30 Minuten (je nach Reifegrad und Sorte der Quitten) leise kochen lassen. Die Quitten sollen bissfest sein. Die Zimtstange entfernen, die Quitten auskühlen lassen.

3. Für das Waldbeerenragout die Beeren säubern. Den Rotwein mit der Zimtstange aufkochen. Orangensaft zugeben. Die Beeren mit dem Gelierzucker zugeben und etwa 5 Minuten kochen lassen, bis der Zucker bindet. Auskühlen lassen.

4. Das Dessert in schöne Gläser schichten: zuerst 2 EL Quitten, darauf 2 EL Topfencreme, darauf 2 EL Beerenragout und zum Abschluss wieder 2 EL Topfencreme. Mit Beeren und Melisseblättchen garnieren und bald servieren.

Zucker war sein letzes Wort

Die süßen Verführungen aus Mehlspeisenküche & Backstube – schwelgen in der Wiener Zuckerbäckertradition

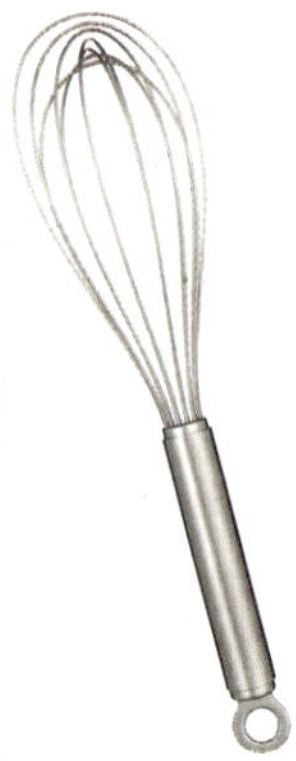

KAPITEL 5

ÖSTERREICH UND SEINE MEHLSPEISEN – *da dürfen die weltbesten Buchteln nicht fehlen, ebenso wenig wie Apfelstrudel und die beliebten Topfenkuchen. Höhepunkte der Backkunst sind die Torten: Sachertorte, Burgenländer Mandeltorte, Waldviertler Mohntorte, Malakoff-Torte und Alt-Wiener Biskuitroulade mit Kaffeecreme – so holt man sich das Wiener Kaffeehaus auf den eigenen Tisch.*

Sachertorte

Für die Torte:
220 g Zartbitterschokolade (65–70 % Kakao)
220 g weiche Butter
70 g Staubzucker
1 TL abgeriebene Bio-Zitronenschale
10 Eier
190 g Zucker
Salz
220 g Mehl
etwa 200 g Marillenmarmelade (Aprikosenkonfitüre)

Für die Glasur:
300 g Zucker
250 g Zartbitterschokolade (65–70 % Kakao)

Außerdem:
Butter und Brösel für die Form

16 Stücke

1 Stunde 20 Minuten + Backzeit + Abkühlzeit

1. Für den Teig die Schokolade in einer Schüssel über dem heißen Wasserbad schmelzen und wieder etwas abkühlen lassen. Den Backofen auf 180 °C vorheizen. Eine Springform von 28 cm Durchmesser mit Butter ausfetten und mit Bröseln ausstreuen.

2. Die weiche Butter mit Staubzucker und Zitronenschale schaumig rühren. Eier trennen. Die Eidotter nacheinander in die Butter einrühren. Die etwas abgekühlte Schokolade einrühren. Eiklar mit Zucker und einer Prise Salz zu nicht ganz steifem Schnee schlagen. Den Eischnee unter die Buttermasse ziehen. Das Mehl darübersieben und unterheben.

3. Den Teig in die Springform füllen, glatt streichen und im heißen Ofen 50–60 Minuten backen. Herausnehmen und kurz in der Form abkühlen lassen. Die Form abnehmen, den Kuchen auf ein Kuchengitter stürzen und erkalten lassen.

4. Den Kuchen einmal quer durchschneiden und den unteren Teil mit reichlich Marillenmarmelade bestreichen. Die restliche Marmelade erhitzen und glatt rühren. Eventuell mit dem Mixstab pürieren oder durch ein Sieb streichen. Oberfläche und Rand der Torte dünn mit der heißen Marmelade bestreichen. Antrocknen lassen.

5. Für die Glasur den Zucker mit 65 ml Wasser und der zerbröckelten Schokolade aufkochen. Die Hitze zurückschalten und die Mischung unter ständigem Rühren 5 Minuten leise kochen lassen, bis sie dickflüssig wird. Vom Herd nehmen und abkühlen lassen. Die Torte rundherum damit glasieren und die Glasur fest werden lassen.

„SÜSSSPEISEN sind ja nicht gleich Süßspeisen – eine österreichische Süßspeise ist doch was ganz Besonderes. Zum Glück bin ich Wienerin, ich habe von Geburt an Mehlspeisen geliebt! Es ist doch unbestritten, dass man jeden Menschen, der einen Sinn für Genuss und für Geschmack hat, mit einer köstlichen Torte oder mit einem Grießschmarrn beruhigen kann, trösten kann und belohnen kann.“

Kürbiskernroulade

6 Eier
125 g Zucker
100 g Mehl
110 g gemahlene steirische Kürbiskerne
300 g Obers (Sahne)
2 TL Vanillezucker
200 g Ribisel-(Johannisbeer-)gelee oder -marmelade (ersatzweise Preiselbeermarmelade)

Außerdem:
1–2 EL Zucker für das Küchentuch
Staubzucker zum Bestäuben

10–12 Stücke

30 Minuten + Backzeit + Auskühlzeit

1. Den Backofen auf 200 °C vorheizen. Die Eier trennen. Eidotter mit Zucker hell-cremig rühren, bis sich die Zuckerkristalle aufgelöst haben. Die Eiklar steif schlagen. Den Eischnee auf die Eidottercreme verteilen, das Mehl darübersieben, die Kürbiskerne zugeben und alles mit dem Kochlöffel vorsichtig unterheben. Den Teig auf ein mit Backpapier ausgelegtes Blech verteilen, glatt streichen und im Ofen in 8–10 Minuten hellbraun backen.

2. In der Zwischenzeit ein Küchentuch auf der Arbeitsfläche ausbreiten und mit Zucker bestreuen. Die gebackene Teigplatte herausnehmen und sofort auf das Küchentuch stürzen. Das Blech abnehmen und das Backpapier vorsichtig abziehen. Die Teigplatte zusammen mit dem Küchentuch zu einer Roulade aufrollen. Dabei zügig arbeiten, da der Teig leicht bricht, wenn er abkühlt. Auf einem Kuchengitter auskühlen lassen.

3. Kurz vor dem Servieren das Obers mit dem Vanillezucker steif schlagen. Wenn das Ribiselgelee sehr fest ist, gibt man es in ein Töpfchen und erwärmt es unter ständigem Rühren. Den Teig vorsichtig entrollen, zuerst mit Ribiselgelee oder -marmelade, dann mit Schlagobers bestreichen. Die Roulade vorsichtig wieder zusammenrollen. Auf eine Kuchenplatte setzen und mit Staubzucker bestäuben. In Scheiben schneiden und servieren.

„MIT DEM RESTAURANT *‚Zum Schwarzen Kameel' verbindet mich eine lange Freundschaft. Ich habe schon vor Jahren in deren schönem Weinkeller für Daniel Spoerri unvergessliche Bankette organisiert und mich schon oft durch deren Karte rauf- und runtergefuttert! Am herrlichsten ist Sevgis Mokkaroulade! Himmel! So zart und leicht! Und einfach zu machen ist sie auch noch. Nur zu – probieren Sie es aus !"*

Biskuitroulade mit Alt-Wiener Kaffeecreme
und Hagebuttenmarmelade

von Sevgi Hartl, Wien

Für die Creme:
500 g Obers (Sahne)
30 g Zucker
100 g ganze Kaffeebohnen
200 g weiße Schokolade

Für den Biskuit:
5 Eier
80 g Zucker
Salz
80 g Mehl
100 g Hagebuttenmarmelade

Außerdem:
Zucker für das Küchentuch
Staubzucker zum Bestäuben

10–12 Stücke

1 Stunde + Ruhezeit + Kühlzeit

1. Für die Creme am Vorabend das Obers mit dem Zucker und den ganzen Kaffeebohnen aufkochen, vom Herd nehmen und zugedeckt 15–20 Minuten ziehen lassen. Abseihen und die zerkleinerte weiße Schokolade einrühren, bis sie sich aufgelöst hat. Abgedeckt über Nacht in den Kühlschrank stellen.

2. Für den Biskuit den Backofen auf 210 °C vorheizen. Die Eier trennen. Die Eidotter mit dem Zucker hell-cremig schlagen. Die Eiklar mit einer Prise Salz zu steifem Schnee schlagen und auf die Eidottermasse legen. Das Mehl daraufsieben und alles vorsichtig unter die Eidottermasse heben.

3. Ein Backblech (32 x 37 cm groß) mit Backpapier auslegen und die Masse darauf verteilen. Glatt streichen und im heißen Ofen 7–9 Minuten hellgelb backen. Ein Küchentuch auf der Arbeitsfläche ausbreiten und mit Zucker bestreuen. Den Biskuit aus dem Backofen nehmen und auf das Küchentuch stürzen. Das Blech abnehmen und das Backpapier vorsichtig abziehen. Die Biskuitplatte sofort zusammen mit dem Küchentuch aufrollen. Auf ein Kuchengitter legen und erkalten lassen.

4. Die Kaffeecreme wie Schlagobers steif schlagen. Die Biskuitroulade entrollen und dünn mit Hagebuttenmarmelade bestreichen. Die Kaffeecreme aufstreichen und die Roulade – ohne Küchentuch – wieder zusammenrollen. Mit der Naht nach unten auf eine Kuchenplatte setzen und etwa 3 Stunden kalt stellen.

5. Vor dem Servieren mit reichlich Staubzucker bestäuben. In dicke Scheiben schneiden.

„WENN ICH FRÜHER bei meiner Oma in Deutschland war, ist sie jeden Sonntag mit mir ins Café gegangen. Und jeden Sonntag hat sie mich gefragt, ob ich ein Stück Käsekuchen essen möchte. Aber ich hab mich geweigert – meine ganze Kindheit – den Käsekuchen zu bestellen oder auch nur zu probieren, denn ich wusste, ich muss den dann aufessen. Ich dachte wirklich, das ist ein Kuchen aus Käse. Erst als ich in Berlin war, mit 17 oder 18, habe ich's rausgekriegt. Mein Gott, dachte ich, ich hätte mich jeden Sonntag mit einem köstlichen, herrlichen, schmackhaften Käsekuchen vollstopfen können. Und meine ganze Kindheit hab ich's nicht gemacht, weil ich so eine Angst gehabt hab, ich müsste dann ein Stück Käse in mich reinwürgen."

Topfentorte

Für den Boden:
220 g Mehl
120 g Butter
50 g Staubzucker
1 Prise Salz
2 Eidotter

Für die Topfenfüllung:
500 g Topfen (Quark; 20 % Fett)
160 g Zucker
4 Eier
abgeriebene Schale von 1 Bio-Zitrone
Salz
100 g zerlassene Butter
2 cl Rum
1 Eiklar
80 g Rosinen
60 g Mehl (am besten doppelgriffiges Wiener Griessler)

Außerdem:
Hülsenfrüchte zum Blindbacken
2 EL Zucker zum Bestreuen

16 Stücke
45 Minuten + Backzeit

1. Für den Boden alle Zutaten rasch zu einem glatten Mürbteig verkneten. Eine Springform von 28 cm Durchmesser mit Backpapier bespannen. Den Backofen auf 160 °C vorheizen.

2. Den Teig zu einer Platte in der Größe der Springform ausrollen und in die Form legen. Mit den Fingern einen etwa 3 cm hohen Rand formen. Ein Blatt Backpapier auf den Teig legen und mit Hülsenfrüchten beschweren. Im heißen Ofen etwa 10 Minuten blind backen. Herausnehmen und die Hülsenfrüchte mit dem Backpapier abnehmen.

3. Während der Mürbteigboden vorgebacken wird, die Füllung zubereiten. Dafür den Topfen mit dem Zucker verrühren. Die Eier trennen. Eidotter, Zitronenschale, eine Prise Salz, zerlassene abgekühlte Butter und den Rum unterrühren. Alle 5 Eiklar zu steifem Schnee schlagen und auf die Topfenmasse streichen. Die Rosinen mit dem Mehl mischen und darauflegen. Alles mit einem Kochlöffel unterheben.

4. Die Ofentemperatur auf 200 °C erhöhen. Die Füllung auf den Mürbteigboden geben und glatt streichen. Die Torte im Ofen in etwa 1 Stunde goldgelb backen. Sollte die Torte zu dunkel werden, mit einem Bogen Alufolie abdecken.

5. Die Torte herausnehmen und heiß mit dem Zucker bestreuen. Vollständig auskühlen lassen und aus der Form lösen.

Buchteln mit Kanarimilch

von Christian Übeleis, Fischbach

Für die Buchteln:
200 ml Milch
1 Würfel Germ (Hefe; 42 g)
100 g Zucker
80 g Butter
500 g Mehl
2 Eidotter
1 Ei
1 Päckchen Vanillezucker
Salz

Für die Kanarimilch:
1/2 l Milch
3 Eidotter
1 gestrichener EL Speisestärke
1 Vanilleschote
80 g Zucker

Außerdem:
Butter für die Form
Staubzucker zum Bestäuben

12 Stück

35 Minuten + Ruhezeit + Backzeit

1. Für die Buchteln die Milch erwärmen. Den Germ in eine kleine Schüssel bröckeln und mit der Hälfte der lauwarmen Milch und 1 TL Zucker glatt rühren. 15 Minuten an einem warmen Ort stehen lassen. Die Butter in die restliche warme Milch geben, damit sie weich wird.

2. Mehl, Eidotter, Ei, Vanillezucker, eine Prise Salz und restlichen Zucker in eine Rührschüssel geben. Den Germansatz und die Milch mit der Butter zugeben und alles zu einem weichen Teig verrühren. Die Schüssel mit Frischhaltefolie abgedeckt mindestens 1 Stunde an einen warmen Ort stellen, bis der Teig sein Volumen etwa verdoppelt hat.

3. Inzwischen für die Kanarimilch einige Esslöffel Milch mit den Eidottern und der Speisestärke glatt rühren. Das ausgekratzte Vanillemark und den Zucker unterrühren. Die restliche Milch aufkochen. Die Eiermilch unter ständigem Rühren zugießen. Etwa 1 Minute unter Rühren kochen lassen. Vom Herd nehmen und erkalten lassen. Vor dem Servieren mit einem Schneebesen aufschlagen.

4. Den Backofen auf 180 °C vorheizen. Eine Auflaufform großzügig mit Butter ausfetten. Den Teig zusammenschlagen und noch einmal durchkneten. In 12 gleich große Portionen teilen und jede zu einer Kugel rollen. Die Kugeln nebeneinander in die Form setzen und im Backofen in etwa 30 Minuten goldbraun backen. Zum Servieren mit Staubzucker bestäuben.

Tipp: Dazu passt ein fruchtiger Zwetschgenröster: 500 g reife Zwetschgen waschen und abtrocknen. Halbieren und entkernen. 2 EL Zucker in einer Pfanne hell karamellisieren lassen und die Zwetschgen zugeben. Unter Rühren andünsten, bis sich Saft bildet. 1 TL gemahlenen Zimt darüberstreuen und die Zwetschgen 5–10 Minuten dünsten. Mit einem Spritzer Zitronensaft abschmecken und noch warm zu den warmen Buchteln servieren.

Topfen-Rosinen-Strudel
mit Marzipan-Vanille-Sauce

Für den Teig:
250 g griffiges Mehl (Type 550)
Salz
20 g zerlassene Butter oder 1 EL Rapsöl
1 Ei
Rapsöl zum Bestreichen
Mehl für Küchentuch und Hände
zerlassene Butter zum Bestreichen

Für die Füllung:
100 g Rosinen
3–4 EL Rum
600 g Topfen (Quark)
2 Eier
120 g Zucker
50 g Obers (Sahne)

Für die Marzipan-Vanille-Sauce:
500 g Obers (Sahne)
1 Vanilleschote
4 Eidotter
50 g Zucker
80 g Marzipanrohmasse

Zum Backen:
Butter für die Rein
2 Eidotter zum Bestreichen
1 Ei
100 g Obers (Sahne)

10–12 Stücke

40 Minuten + Einweichzeit + Ruhezeit + Backzeit

1. Die Rosinen über Nacht im Rum einweichen. Für den Teig das Mehl auf die Arbeitsfläche sieben und eine Mulde eindrücken. Eine Prise Salz, zerlassene Butter oder Öl, das Ei und etwa 100 ml lauwarmes Wasser hineingeben. Mit einer Gabel kurz verrühren, dann mit den Händen schnell zu einem weichen Teig verarbeiten. Gut kneten, in zwei Portionen teilen und jeweils zur Kugel rollen. Dünn mit Rapsöl bepinseln und unter einer heiß ausgespülten Porzellanschüssel 30 Minuten ruhen lassen.

2. Inzwischen für die Füllung Topfen mit Eiern und Zucker verrühren. Rumrosinen und Obers unterrühren. Den Backofen auf 180 °C vorheizen. Eine Rein gut mit Butter ausstreichen.

3. Den Strudelteig ausziehen: Dafür den Teig auf einem bemehlten Küchentuch mit dem Nudelholz ausrollen und mit zerlassener Butter bestreichen. Die gut bemehlten Handrücken unter den Teig schieben und den Teig über die Handrücken dünn ausziehen. Mit zerlassener Butter bestreichen und die Hälfte der Füllung darauf verteilen, einen Rand freilassen. Die Seitenränder etwas über die Füllung einschlagen. Den Strudel mithilfe des Küchentuchs aufrollen – das Tuch etwas anheben, der Strudel rollt sich fast von selber auf. Strudel in die Rein gleiten lassen, sodass die Naht unten ist. Die Enden unter den Strudel einschlagen. Mit der zweiten Teigportion genauso verfahren.

4. Die Strudel mit den verquirlten Eidottern bestreichen und etwa 15 Minuten backen. Das Ei trennen und den Eidotter mit dem Obers verquirlen. Das Eiklar steif schlagen und unterheben. Über die Strudel verteilen und 15 Minuten backen.

5. Inzwischen für die Sauce das Obers mit der aufgeschlitzten Vanilleschote aufkochen, vom Herd ziehen und zugedeckt 15 Minuten ziehen lassen. Die Eidotter mit Zucker und Marzipan glatt rühren. Das Obers durch ein Sieb dazugießen und unterrühren. Die Sauce über einem heißen Wasserbad unter ständigem Rühren erhitzen, bis sie eindickt. Abgekühlt zum Strudel servieren.

Apfelstrudel

Für den Teig:
250 g griffiges Mehl (Type 550)
Salz
20 g zerlassene Butter
oder 1 EL Rapsöl
1 Ei
Mehl für Küchentuch und Hände

Für die Füllung:
1,5–2 kg feste, säuerliche Äpfel
Saft und abgeriebene Schale von
1 Bio-Zitrone
100 g Zucker
1 TL gemahlener Zimt
100 g Rosinen
50 g gemahlene oder gehobelte
Haselnusskerne
250 g Sauerrahm

Außerdem:
Butter für die Rein
zerlassene Butter zum Bestreichen
Staubzucker zum Bestäuben

10–12 Stücke

1 Stunde + Backzeit

1. Das Mehl auf die Arbeitsfläche sieben und eine Mulde in die Mitte drücken. Eine Prise Salz, zerlassene Butter oder Öl, das Ei und etwa 100 ml lauwarmes Wasser in die Mulde geben. Mit einer Gabel kurz verrühren, dann mit den Händen schnell zu einem weichen Teig verarbeiten. Den Teig gut kneten, dabei immer wieder auf die Arbeitsfläche schlagen, bis er glatt ist und nicht mehr klebt. Teig in zwei Portionen teilen und jeweils zur Kugel gerollt unter einer heiß ausgespülten Porzellanschüssel 30 Minuten ruhen lassen.

2. In der Zwischenzeit die Äpfel schälen, vom Kerngehäuse befreien, in Spalten und dann in dünne Scheibchen schneiden. Sofort mit Zitronensaft und -schale vermischen. Den Backofen auf 200 °C vorheizen. Eine Rein gut mit Butter ausstreichen.

3. Die erste Hälfte des Strudelteigs ausziehen. Dafür den Teig auf einem bemehlten Küchentuch mit dem Nudelholz dünn ausrollen und mit zerlassener Butter bestreichen. Dann beide gut bemehlten Handrücken unter den Teig schieben und den Teig über die Handrücken ganz dünn ausziehen – es heißt, man soll durch den Teig Zeitung lesen können!

4. Den Teig mit zerlassener Butter bestreichen und jeweils die Hälfte der Zutaten für die Füllung darauf verteilen: Äpfel, Zucker und Zimt gemischt, Rosinen und Nüsse, dabei einen Rand frei lassen. Zum Schluss den Sauerrahm über der Füllung verteilen.

5. Die beiden Seitenränder des Strudelteigs ein wenig über die Füllung einschlagen. Den Strudel mithilfe des Küchentuchs aufrollen – einfach das Tuch etwas anheben, der Strudel rollt sich fast von selber auf. Den Strudel in die Rein heben, sodass die Naht unten ist. Die Seiten unter den Strudel einschlagen.

6. Mit der zweiten Teigportion genauso verfahren. Die Strudel großzügig mit zerlassener Butter bestreichen und im Ofen 30–40 Minuten backen. Heiß, warm oder kalt mit reichlich Staubzucker bestäubt servieren.

Germstrudel
mit Mohn-Topfen-Powidl-Füllung

Für den Germteig:
250 g griffiges Mehl (Type 550)
½ Würfel Germ (Hefe; 20 g)
30 g Zucker
100–125 ml lauwarme Milch
40 g weiche Butter
1 Prise Salz
1 TL abgeriebene Schale
von 1 Bio-Zitrone
1 Eidotter

Für die Mohnfüllung:
110 ml Milch
75 g gequetschter Mohn (am besten Waldviertler Graumohn)
40 g Honig
1 EL Semmelbrösel

Für die Topfenfüllung:
20 g Butter
65 g Zucker
1 Ei
200 g Topfen (Quark; 20 % Fett)
1 EL Rum
1 gehäufter EL Speisestärke

Außerdem:
150 g Powidl (siehe Seite 156)
Mehl für die Arbeitsfläche
1 Eidotter zum Bestreichen

10–12 Stücke

45 Minuten + Ruhezeiten + Backzeit

1. Für den Germteig das Mehl in eine große Schüssel sieben und in die Mitte eine Mulde drücken. Germ zerbröckeln, mit dem Zucker in 50 ml lauwarmer Milch auflösen und in die Vertiefung geben. Etwas Mehl vom Rand auf die Germ-Milch-Mischung geben und die Schüssel zugedeckt an einem warmen Ort 10 Minuten stehen lassen. Mehl, Vorteig und die übrigen Teigzutaten mit den Knethaken des elektrischen Handrührgeräts zu einem glatten, elastischen Teig kneten. Den Teig zugedeckt an einem warmen Ort ohne Zugluft 40–60 Minuten gehen lassen, bis sich sein Volumen mindestens verdoppelt hat.

2. Für die Mohnfüllung die Milch in einem Topf aufkochen. Gequetschten Mohn mit Honig und Semmelbröseln in eine Schüssel geben, die kochend heiße Milch darübergießen, alles gut verrühren und zugedeckt ziehen lassen.

3. Für die Topfenfüllung die Butter mit Zucker schaumig schlagen, dann Ei, Topfen und Rum unterrühren. Die Speisestärke über die Masse sieben und mit einem Löffel untermischen.

4. Den Germteig auf einer bemehlten Arbeitsfläche mit den Händen gut durchkneten. Zu einem etwa 3 mm dünnen Rechteck ausrollen. Den Teig dünn mit Powidl, dann mit der Mohn- und anschließend mit der Topfenfüllung bestreichen, dabei an einer Längsseite einen 3 cm breiten Rand freilassen.

5. Den Teig von der bestrichenen Längsseite her locker aufrollen. Den Strudel auf ein mit Backpapier ausgelegtes Backblech setzen, mit verquirltem Eidotter bestreichen und 25 Minuten gehen lassen. Den Backofen auf 170 °C vorheizen und den Strudel etwa 45 Minuten backen. Strudel auf einem Kuchengitter abkühlen lassen. Zum Servieren in 3 cm breite Scheiben schneiden.

„LIEBE RESI, vielen lieben Dank für dein Topfengolatschenrezept! Ein gutes braucht man auf jeden Fall im Leben."

Topfengolatschen

von Resi Stadlmann, Breitenfurth

Für den Teig:
¼ l Milch
60 g Butter
500 g Mehl
60 g Zucker
2 Eier
1 Päckchen Vanillezucker
abgeriebene Schale von ½ Bio-Zitrone
1 ½ Würfel Germ (Hefe; 60 g)

Für die Füllung:
150 g Rosinen
¼ Tasse Rum (etwa 50 ml)
1 Ei
50 g weiche Butter
100 g Zucker
1 Päckchen Vanillezucker
abgeriebene Schale von ½ Bio-Zitrone
250 g Topfen (Quark; 40 % Fett)
Salz

Außerdem:
Mehl für die Arbeitsfläche
etwas Obers (Sahne) zum Bestreichen

20 Stück

40 Minuten + Ruhezeit + Backzeit

1. Für die Füllung die Rosinen im Rum einweichen. Für den Teig die Milch leicht erwärmen und die Butter darin zerlassen. Mehl und Zucker mischen, die handwarme Milch-Butter-Mischung zugeben (nicht zu heiß, sonst geht der Germ nicht mehr auf). Eier, Vanillezucker, Zitronenschale und zerbröckelten Germ untermischen. So lange kneten, bis ein elastischer Teig entstanden ist, der nicht mehr klebt. Den Teig zu einer Kugel formen und in eine Schüssel legen. Mit Frischhaltefolie abdecken und an einem warmen Ort etwa 1 Stunde gehen lassen.

2. Für die Füllung das Ei trennen. Butter mit Eidotter, Zucker, Vanillezucker und Zitronenschale schaumig rühren. Topfen unterrühren. Das Eiklar mit einer Prise Salz steif schlagen und mit den abgetropften Rosinen unterheben.

3. Den Backofen auf 180 °C vorheizen. Den Teig auf der bemehlten Arbeitsfläche durchkneten und dünn ausrollen. Etwa 12 cm große Quadrate ausschneiden. Auf jedes Quadrat einen Esslöffel Füllung setzen. Zwei gegenüberliegende Teigecken zur Mitte schlagen, dann die anderen Teigecken darüberschlagen.

4. Die Topfengolatschen auf ein mit Backpapier ausgelegtes Blech legen und mit Obers bestreichen. Auf den Boden des heißen Ofens einige Tassen mit heißem Wasser stellen. Das Blech in den Ofen schieben und die Golatschen etwa 20 Minuten backen.

Tipp: Für eine leichtere Topfenfüllung 60 g Staubzucker mit ½ EL Speisestärke, 1 Eidotter, etwas abgeriebener Bio-Zitronenschale und 200 g Topfen (Quark; 20 % Fett) verrühren. 150 g in Rum eingeweichte Rosinen unterheben und die Füllung wie oben beschrieben weiterverarbeiten.

Rotweinguglhupf

150 g Zartbitterschokolade
(70 % Kakao)
300 g Butter
300 g Zucker
1 Päckchen Vanillezucker
6 Eier
2 TL gemahlener Zimt
2 TL Kakaopulver
300 g Mehl
3 gestrichene TL Backpulver
1/8 l Rotwein
evtl. etwas Milch
Salz

Außerdem:
Butter und Semmelbrösel für die Form
Staubzucker zum Bestäuben

12 Stücke

30 Minuten + Backzeit

1. Den Backofen auf 170 °C vorheizen. Eine Guglhupfform von 1 1/2 l Inhalt gut fetten und mit Bröseln ausstreuen. Die Schokolade zerkleinern, über dem heißen Wasserbad schmelzen und abkühlen lassen.

2. Die Butter mit Zucker und Vanillezucker schaumig rühren. Die Eier trennen. Eidotter unter die Butter-Zucker-Mischung rühren. Die abgekühlte Schokolade zusammen mit Zimt und Kakao unterrühren. Das Mehl mit dem Backpulver mischen und diese Mischung abwechselnd mit dem Rotwein unterrühren. Der Teig soll schwer reißend vom Kochlöffel fallen. Falls der Teig zu fest ist, eventuell noch einige Esslöffel Milch unterrühren. Die Eiklar mit einer Prise Salz zu steifem Schnee schlagen und unterheben.

3. Den Teig in die Form füllen und glatt streichen. Im heißen Ofen etwa 1 Stunde backen. Herausnehmen, kurz in der Form abkühlen lassen und auf ein Kuchengitter stürzen. Vollständig erkalten lassen und vor dem Servieren mit reichlich Staubzucker bestäuben.

Brandteigkrapferl mit feiner Vanillecreme

Für den Brandteig:
70 g Butter
Salz
1 EL Zucker
110 g Mehl
2 Eier (Größe L) oder 3 Eier (Größe S)
1 Eiklar

Für die Vanillecreme:
200 g Obers (Sahne)
150 g Zucker
6 Eidotter
1 gestrichener EL Reismehl
(ersatzweise Maisstärke)
1 Vanilleschote
150 g weiche Butter

Außerdem:
Staubzucker zum Bestäuben

20 Stück

45 Minuten + Backzeit

1. Für den Brandteig 1/8 l Wasser mit der Butter, einer Prise Salz und dem Zucker aufkochen. Das Mehl auf einmal dazuschütten und mit einem Kochlöffel rühren, bis sich die Masse als Kloß vom Topfboden löst. Etwa 30 Sekunden lang weiterrühren, bis sich am Topfboden ein weißer Belag bildet. Den Topf vom Herd nehmen und 1 Ei sofort gründlich unterrühren. Den Teig etwas abkühlen lassen und nacheinander die restlichen Eier und das Eiklar unterrühren, bis ein glatter, glänzender Teig entstanden ist. Abkühlen lassen.

2. In der Zwischenzeit für die Vanillecreme Obers, Zucker, Eidotter, Reismehl und das ausgekratzte Mark der Vanilleschote in einer Schüssel verrühren. Über dem heißen Wasserbad schlagen, bis die Creme dick wird – das kann 20 Minuten dauern. Vom Wasserbad nehmen und abkühlen lassen.

3. Den Backofen auf 210 °C vorheizen. Ein Backblech mit Backpapier auslegen. Den Brandteig in einen Spritzbeutel mit großer Sterntülle füllen. Etwa 20 walnussgroße Tupfen auf das Backpapier spritzen oder mit zwei Teelöffeln kleine Häufchen auf das Backpapier setzen. Die Krapferl im heißen Ofen in etwa 30 Minuten hellbraun backen. Herausnehmen, auf ein Kuchengitter setzen und sofort quer durchschneiden, damit der Dampf entweichen kann. Abkühlen lassen.

4. Die weiche Butter löffelweise unter die kalte Vanillecreme rühren, bis eine glatte Masse entstanden ist. Kalt stellen.

5. Die unteren Hälften der Krapferl unmittelbar vor dem Servieren mit der Vanillecreme füllen, die oberen Hälften aufsetzen und die Krapferl mit Staubzucker bestäuben.

*„**OB GRAUMOHN,** Schwarzmohn oder weißer Mohn – ich mag Mohn in jeder Variante: auf den Mohnweckerln, als Mohnöl oder natürlich als Mohntorte, Mohnpotitze oder Mohnbeugerl. Diese Waldviertler Mohntorte liebe ich sehr."*

Waldviertler Mohntorte

300 g weiche Butter
90 g Staubzucker
9 Eier
Saft und abgeriebene Schale von
1 Bio-Zitrone
2 EL Rum
1 Päckchen Vanillezucker
420 g gequetschter Mohn (am besten Waldviertler Graumohn)
180 g gemahlene Haselnusskerne
200 g Zucker
Butter für die Form

Zum Fertigstellen:
200 g Ribiselgelee (Johannisbeergelee)
125 g Staubzucker
2 EL Rum

16–20 Stücke

30 Minuten + Backzeit + Abkühlzeit

1. Butter und Staubzucker verrühren. Die Eier trennen, die Eidotter unter die Buttermasse rühren, bis sie sehr hell und cremig ist. Zitronensaft und -schale, Rum, Vanillezucker, Mohn und gemahlene Nüsse unterrühren.

2. Den Backofen auf 180 °C vorheizen. Eine Springform von 28 cm Durchmesser buttern oder mit Backpapier auslegen. Die Eiklar zu Schnee schlagen. Den Zucker langsam einrieseln lassen und ständig weiterschlagen, bis die Masse glatt und glänzend ist. Den Eischnee mit dem Kochlöffel unter die Mohnmasse heben.

3. Den Teig in die vorbereitete Form füllen und glatt streichen. Im heißen Ofen etwa 1 Stunde backen. Wenn die Torte zu dunkel wird, gegen Ende der Backzeit mit einem Bogen Alufolie abdecken. Herausnehmen, kurz abkühlen lassen und aus der Form lösen. Auf einem Kuchengitter auskühlen lassen.

4. Die Torte einmal waagrecht durchschneiden und die untere Hälfte mit Ribiselgelee bestreichen. Die beiden Hälften wieder zusammensetzen. Die Oberfläche der Torte dünn mit Ribiselgelee bestreichen und dieses gut antrocknen lassen. Aus Staubzucker und Rum eine dicke Glasur rühren und mit einer Palette auf der Tortenoberfläche verteilen, sodass sie an den Rändern dekorativ herunterläuft. Die Glasur trocknen lassen.

Meidlinger Zitronentorte

Für den Teig:
6 Eier
140 g Zucker
6 hart gekochte Eidotter (siehe Tipp)
Saft und abgeriebene Schale von je 1 Bio-Zitrone und -Orange (insgesamt etwa 100 ml)
50 g sehr fein gehacktes Zitronat
140 g gemahlene Mandeln
Salz

Für die Glasur:
100 g Staubzucker
2 EL Zitronensaft
evtl. kandierte Zitronenscheiben

16 Stücke

35 Minuten + Backzeit

1. Den Backofen auf 180 °C vorheizen. Eine Springform von 28 cm Durchmesser mit Backpapier bespannen.

2. Die Eier trennen. Eidotter mit Zucker schaumig rühren, bis die Masse hellgelb und cremig wird. Die hart gekochten Eidotter zerdrücken und durch ein Sieb zur Eidottercreme streichen. Zitronen- und Orangensaft und -schale, Zitronat und gemahlene Mandeln unterrühren. Die Eiklar mit einer Prise Salz steif schlagen und unterheben.

3. Den Teig in die Springform füllen, glatt streichen und etwa 45 Minuten im heißen Ofen backen. Wenn die Torte zu dunkel wird, gegen Ende der Backzeit mit einem Bogen Alufolie abdecken. Herausnehmen, kurz in der Form abkühlen lassen und auf ein Kuchengitter setzen. Vollständig auskühlen lassen.

4. Für die Glasur den Staubzucker mit dem Zitronensaft verrühren und die Torte damit überziehen. Nach Belieben mit kandierten Zitronenscheiben verzieren.

Tipp: Um hart gekochte Eidotter zu erhalten, können Sie entweder die ganzen Eier in etwa 10 Minuten hart kochen, dann schälen und das Eidotter herauslösen. Das übrige Eiklar kann man hacken und zum Beispiel über einen Blattsalat streuen. Aber Eidotter lassen sich auch ohne Eiklar kochen. Dafür die rohen Eier vorsichtig trennen, sodass die Eidotter nicht verletzt werden. In einem Topf Wasser zum Kochen bringen. Die Eidotter nacheinander ins Wasser gleiten lassen und 6–8 Minuten kochen lassen. Die rohen Eiklar kann man für Makronen oder Baisers verwenden.

Apfel-Walnuss-Kuchen

Für den Teig:
200 g Mehl
1/4 Würfel Germ (Hefe; 10 g)
2 EL Zucker
100 ml lauwarme Milch
1 Prise Salz
1/4 TL gemahlener Zimt
30 g weiche Butter

Für den Belag:
4 säuerliche Äpfel (z. B. Boskop; etwa 700 g)
2 EL Zitronensaft
4 EL Zucker
6 EL flüssige Butter
100 g grob gehackte Walnusskerne
100 g Apfel- oder Quittengelee

Außerdem:
Mehl für die Arbeitsfläche
Butter für die Form

12–16 Stücke

45 Minuten + Ruhezeiten + Backzeit

1. Für den Germteig das Mehl in eine große Schüssel sieben und in die Mitte eine Mulde drücken. Germ zerbröckeln, mit dem Zucker in 50 ml lauwarmer Milch auflösen und in die Mulde geben. Etwas Mehl vom Rand auf die Germ-Milch-Mischung geben und die Schüssel zugedeckt an einem warmen Ort 10 Minuten stehen lassen. Mehl, Vorteig und die übrigen Teigzutaten mit den Knethaken des elektrischen Handrührgeräts zu einem glatten, elastischen Teig kneten. Den Teig abgedeckt an einem warmen Ort ohne Zugluft etwa 45 Minuten gehen lassen, bis sich sein Volumen ungefähr verdoppelt hat.

2. Für den Belag die Äpfel schälen und mit einem Kerngehäuse-Ausstecher das Innere entfernen. Äpfel in etwa 2 mm dünne Ringe schneiden, diese vorsichtig mit Zitronensaft und 2 EL Zucker mischen. Den Backofen auf 170 °C vorheizen.

3. Den Germteig auf leicht bemehlter Arbeitsfläche mit den Händen gut durcharbeiten. Eine Springform von 28 cm Durchmesser mit Butter fetten und den Teig mit den Fingern in die Form drücken. Dabei einen kleinen Rand formen. Den Teig mit den Apfelringen belegen. Die Apfelringe mit flüssiger Butter bepinseln und mit gehackten Walnüssen und dem restlichen Zucker bestreuen. Den Kuchen abgedeckt 30 Minuten gehen lassen, dann im heißen Backofen etwa 25 Minuten backen.

4. Kuchen aus dem Ofen nehmen und noch heiß mit Apfel- oder Quittengelee bestreichen. Etwas abkühlen lassen, aus der Form nehmen und auf einem Gitter weiter abkühlen lassen.

Tipp: Dazu halbsteif geschlagenes Obers servieren. Der Kuchen schmeckt am besten ganz frisch und noch etwas warm.

*„***ILSES CREMESCHNITTEN** *sind legendär. Die Leute kommen von weit her nach Zöbing wegen ihrer Cremeschnitten."*

Cremeschnitten mit Himbeersauce

von Ilse Gutmann, Zöbing

500 g Blätterteig (TK)

Für die Füllung:
6 Blatt Gelatine
4 Eier
80 g Zucker
2 EL Vanillezucker
1 kg Obers (Sahne)

Für die Glasur:
150 g Staubzucker
2–3 EL Zitronensaft

Für die Sauce:
300 g Himbeeren
2 EL Zucker
1 EL Zitronensaft

12 Stücke

1 Stunde 30 Minuten + Kühlzeit

1. Den Backofen auf 200 °C vorheizen. Den Blätterteig in zwei Hälften teilen. Jede Hälfte zu einer 3 mm dicken und 20 x 30 cm großen Platte (bzw. in der Größe Ihres Backrahmens) ausrollen. Eine Platte auf ein mit Backpapier belegtes Backblech legen, mit einer Nadel einige Male einstechen und im heißen Ofen etwa 25 Minuten backen, bis sie goldbraun ist. Dabei nach 10 Minuten Backzeit ein zweites Backblech auf den Teig legen, damit die Platte flach bleibt. Die zweite Teigplatte genauso backen.

2. Für die Füllung die Gelatine in kaltem Wasser einweichen. Die Eier mit Zucker und Vanillezucker in einer Schüssel verquirlen und über einem heißen Wasserbad cremig schlagen. Die Gelatine ausdrücken und in die warme Masse rühren, bis sie sich aufgelöst hat. Abkühlen lassen, bis die Masse zu gelieren beginnt.

3. Das Obers steif schlagen und unterziehen. Einen Backrahmen in der Größe der Teigplatten auf ein Blech stellen und eine Blätterteigplatte einlegen. Die Füllung daraufstreichen. Kalt stellen.

4. Aus Staubzucker und Zitronensaft eine zäh fließende Glasur rühren und diese auf die zweite Blätterteigplatte streichen. Die Platte sofort mit einem scharfen Messer in zwölf etwa 5 x 8 cm große Stücke schneiden und diese nebeneinander auf die Cremefüllung legen. Mindestens 3 Stunden kalt stellen.

5. Für die Himbeersauce die Beeren verlesen, mit Zucker, Zitronensaft und 1–2 EL Wasser erhitzen, mit dem Mixstab pürieren und abkühlen lassen. Die Cremeschnitten in Stücke schneiden und mit der Himbeersauce servieren.

Burgenländer Mandeltorte

Für den Teig:
10 Eier
280 g Staubzucker
210 g gemahlene Mandeln
60 g Semmelbrösel
6–8 cl Rum
1 TL abgeriebene Bio-Zitronenschale
1 Päckchen Vanillezucker
Salz

Für die Schokobuttercreme:
1/2 l Milch
50 g Speisestärke
150 g Zartbitterschokolade (70 % Kakao)
200 g Zucker
1/2 Päckchen Vanillezucker
200 g weiche Butter
evtl. 2 cl Rum

Für die Schokoglasur:
30 g Kokosfett
100 g Staubzucker
20 g Kakaopulver

Außerdem:
Butter für die Form
100 g Mandelblättchen
200 g Marillenmarmelade (Aprikosenkonfitüre)
ganze Mandeln zum Garnieren

12–16 Stücke

50 Minuten + Backzeit + Kühlzeiten

1. Den Backofen auf 180 °C vorheizen. Eine Springform (28 cm Durchmesser) mit Backpapier bespannen (siehe Tipp Seite 198) und den Rand dünn buttern. Für den Teig die Eier trennen. Die Eidotter mit Staubzucker hell-cremig schlagen. Gemahlene Mandeln, Semmelbrösel, Rum, Zitronenschale und Vanillezucker unterrühren. Die Eiklar mit einer Prise Salz steif schlagen und unterheben. Den Teig in die Form füllen und etwa 1 Stunde backen. In der Form kurz abkühlen lassen, aus der Form lösen und auf einem Kuchengitter vollständig erkalten lassen.

2. Für die Schokobuttercreme von der Milch einige Esslöffel abnehmen und mit der Speisestärke glatt rühren. Die restliche Milch mit der zerkleinerten Schokolade, Zucker und Vanillezucker unter Rühren zum Kochen bringen. Unter ständigem Rühren die angerührte Stärke zugeben und kochen lassen, bis die Masse andickt. Vom Herd nehmen und den Topf in kaltes Wasser setzen. Unter häufigem Umrühren auf Zimmertemperatur abkühlen lassen. Die Mandelblättchen in einer Pfanne ohne Fett goldgelb rösten und abkühlen lassen.

3. Die weiche Butter cremig rühren. Esslöffelweise den Schokoladenpudding und nach Wunsch den Rum einrühren. Butter, Pudding und Rum sollten die gleiche Temperatur haben, damit die Creme nicht gerinnt.

4. Den Mandelboden zweimal quer durchschneiden. Den unteren Boden dünn mit Marillenmarmelade, dann mit einem Drittel der Schokobuttercreme bestreichen. Den zweiten Boden aufsetzen und ebenso bestreichen. Den Deckel aufsetzen.

5. Die restliche Marmelade erwärmen und glatt rühren. Die Torte damit überziehen. Für die Glasur das Kokosfett zerlassen. Staubzucker und Kakaopulver mischen und mit etwa 2 EL heißem Wasser glatt rühren – die Masse muss dickflüssig sein. Das heiße Kokosfett unterrühren. Die Torte mit der Glasur überziehen und mit den ganzen Mandeln garnieren. Den Rand der Torte mit der restlichen Schokobuttercreme bestreichen und mit den gerösteten Mandelblättchen garnieren.

„IM RESTAURANT ‚EXIL' *meines Vaters Ossi Wiener, in Kreuzberg, habe ich zum ersten Mal professionell gekocht. Meine Lehrmeister waren Fredl Koller und Ingrid Wiener. Es war eine harte, aber beglückende Zeit."*

Alt-Wiener Topfentorte aus dem „Exil"

4 Eier
120 g weiche Butter
120 g Zucker
120 g gemahlene Mandeln oder Haselnusskerne
120 g Topfen (Quark; 20 % Fett)
abgeriebene Schale von 1 Bio-Zitrone
1 Päckchen Vanillezucker
4 cl Rum
Salz

Außerdem:
Butter für die Form
Staubzucker zum Bestäuben

12 Stücke

30 Minuten + Backzeit

1. Den Backofen auf 200 °C vorheizen. Eine Springform von 24 cm Durchmesser mit Backpapier bespannen (siehe unten), den Rand buttern.

2. Die Eier trennen. Die Eidotter mit Butter und Zucker schaumig rühren, bis sich der Zucker aufgelöst hat. Mandeln, Topfen, Zitronenschale, Vanillezucker und Rum unterrühren. Die Eiklar mit einer Prise Salz steif schlagen und unterheben.

3. Den Teig in die vorbereitete Form füllen und glatt streichen. Im heißen Ofen etwa 40 Minuten backen. Während der letzten 10 Minuten Backzeit mit Alufolie abdecken, damit die Torte nicht zu dunkel wird. Herausnehmen, in der Form kurz abkühlen lassen. Aus der Form lösen und auf einem Kuchengitter auskühlen lassen. Vor dem Servieren mit Staubzucker bestäuben.

Tipp: Die Torte lässt sich ganz leicht aus der Springform lösen, wenn Sie den Springformboden mit Backpapier bespannen: Dafür den Rand abnehmen, ein Blatt Backpapier auf den Springformboden legen und den Rand wieder aufsetzen und fest stellen, sodass das Backpapier eingeklemmt und gespannt wird.

Malakoff-Torte

mit selbst gemachten Biskotten

Für die Biskotten:
6 Eier
140 g Zucker
1 Päckchen Vanillezucker
Salz
70 g Speisestärke
70 g Mehl
Staubzucker zum Bestäuben

Für die Torte:
200 g weiche Butter
200 g Staubzucker
4 sehr frische Eidotter
6 EL Rum
200 g gemahlene geschälte Mandeln
150 g Obers (Sahne)
etwa 200 ml Milch

Zum Fertigstellen:
100 g Mandelblättchen
350 g Obers (Sahne)
50 g Staubzucker

12 Stücke

1 Stunde 20 Minuten + Backzeiten + Kühlzeit

1. Backofen auf 180 °C vorheizen. Drei Backbleche mit Backpapier belegen. Eier trennen, Eidotter mit Zucker und Vanillezucker hell-cremig schlagen. Die Quirle säubern und die Eiklar mit einer Prise Salz sehr steif schlagen.

2. Den Eischnee auf die Eidottermasse geben, Speisestärke und Mehl darübersieben, dann vorsichtig unterheben. In einen Spritzbeutel mit großer Lochtülle füllen und etwa 65 längliche Biskotten (etwa 8 cm lang) mit etwas dickeren Enden auf das Backpapier spritzen. Mit Staubzucker bestäuben und im heißen Ofen in etwa 10 Minuten hellgelb backen. Herausnehmen, das Backpapier auf ein feuchtes Küchentuch ziehen, damit sich die Biskotten leichter lösen. Auf einem Kuchengitter abkühlen lassen. Alle Biskotten so backen und abkühlen lassen.

3. Für die Torte eine Springform von 24 cm Durchmesser mit Backpapier auskleiden. Die Butter schaumig rühren. Staubzucker und nacheinander die Eidotter unterrühren. 2 EL Rum, Mandeln und Obers unterschlagen, bis eine feste Creme entstanden ist.

4. Milch und die übrigen 4 EL Rum in einem tiefen Teller vermischen. Die Biskotten darin wenden und den Boden der Springform damit auslegen. Den Rand mit halbierten, senkrecht gestellten Biskotten (Schnittfläche nach oben) auskleiden. Diese nicht tränken! Den Boden mit Creme bestreichen. Eine Schicht getränkte Biskotten auflegen, mit Creme bedecken. So weitermachen, bis die Creme verbraucht ist. Mit einer Schicht nicht getränkter Biskotten abdecken. Mit Frischhaltefolie abdecken, mit einem Teller beschwert über Nacht kühl stellen.

5. Teller und Folie abnehmen, den Springformrand entfernen und die Torte vorsichtig auf eine Tortenplatte setzen. Die Mandelblättchen in einer Pfanne ohne Fett hellbraun rösten und abkühlen lassen. Obers mit dem Staubzucker steif schlagen. Die Torte damit bestreichen. Mit den Mandelblättchen verzieren.

Mürbteigkipferl von Ilse Gutmann, Zöbing

300 g Mehl
110 g Zucker
60 g geriebene Vollmilchschokolade
2 Eier
200 g Butter
Staubzucker zum Wälzen

etwa 80 Stück

1 Stunde + Kühlzeit + Backzeiten

1. Mehl, Zucker und geriebene Schokolade mischen und auf die Arbeitsfläche häufen. Eine Mulde hineindrücken und die Eier hineinschlagen. Die Butter in Scheiben schneiden und darauflegen. Alle Zutaten mit einem schweren Messer verhacken, dann mit den Händen rasch zu einem glatten Teig kneten. Den Teig zu zwei Rollen von 3 cm Durchmesser formen und in Frischhaltefolie gewickelt 30–60 Minuten kühl stellen.

2. Den Backofen auf 180 °C vorheizen. Ein Backblech mit Backpapier auslegen. Vom Teig Scheiben abschneiden und auf der Arbeitsfläche rollen, die Enden spitz zulaufen lassen. Die Röllchen zu Kipferln biegen, auf das Blech legen und in 10–15 Minuten hellgelb backen. Das zweite Blech mit Kipferln bis zum Backen kühl stellen. Die Kipferl herausnehmen, vom Blech lösen und noch heiß sehr vorsichtig im Staubzucker wälzen.

Vanillekipferl

Für den Teig:
150 g gemahlene Mandeln
(geschält oder ungeschält)
300 g Mehl
120 g Zucker
1 Päckchen Vanillezucker
225 g Butter
3 Eidotter

Zum Fertigstellen:
150 g feiner Zucker
2 Päckchen Vanillezucker

etwa 50 Stück

1 Stunde + Kühlzeit + Backzeiten

1. Gemahlene Mandeln, Mehl, Zucker und Vanillezucker vermischen und auf die Arbeitsfläche häufen, eine Mulde hineindrücken und die kalte Butter rundherum in dünnen Scheibchen verteilen. Die Eidotter in die Mulde geben. Alles zu einem glatten Mürbteig kneten. Den Teig zu zwei Rollen formen und in Folie gewickelt etwa 30 Minuten kalt stellen.

2. Zwei Backbleche mit Backpapier auslegen. Vom Teig Scheiben abschneiden und auf der Arbeitsfläche rollen, die Enden spitz zulaufen lassen. Die Röllchen zu Kipferln biegen und auf das Blech legen, kalt stellen. Den Backofen auf 175 °C vorheizen.

3. Die Kipferl im heißen Ofen in 10–15 Minuten hellgelb backen. Zucker und Vanillezucker in einem tiefen Teller mischen. Die Kipferl aus dem Backofen nehmen und noch heiß sehr vorsichtig im Zucker wenden. Die fertigen Kipferl etwa 1 Stunde auf einem Gitter abkühlen lassen und dann in einer Blechdose lagern.

Nusskeks

Für den Teig:
150 g gemahlene Haselnusskerne
400 g Mehl
220 g Staubzucker
300 g Butter
1 Ei

Zum Fertigstellen:
100 g Marillenmarmelade (Aprikosenkonfitüre)
1 Eiklar
150 g Staubzucker

etwa 30 Stück

1 Stunde + Kühlzeit + Backzeiten + Trockenzeit

1. Gemahlene Nüsse, Mehl und Staubzucker vermischen und auf die Arbeitsfläche häufen. Eine Mulde eindrücken und die Butter rundherum in dünnen Scheibchen verteilen. Das Ei in die Mulde geben. Alles zu einem glatten Mürbteig kneten. Den Teig zugedeckt 30 Minuten kalt stellen.

2. Den Backofen auf 180 °C vorheizen. Den Teig 2–3 mm dünn ausrollen und mit einem Messer oder einem Teigrädchen in 3 cm große Quadrate schneiden. Zwei Backbleche mit Backpapier auslegen. Die Kekse auf das Blech legen und in 8–10 Minuten hellbraun backen. Die Marmelade in einem Töpfchen erwärmen und glatt rühren, eventuell mit dem Mixstab pürieren.

3. Die Kekse samt Backpapier vom Blech ziehen und die Hälfte mit der Marmelade bestreichen. Je 1 unbestrichenes Keks daraufsetzen und etwas festdrücken. Das Eiklar mit dem Staubzucker schlagen, bis die Masse glatt und glänzend ist. Die Nusskekse damit bestreichen und etwa 1 Stunde auf einem Gitter trocknen lassen. In eine Keksdose mit Butterpapier als Zwischenlage geben.

Schnelle Schokokeks

1 Ei
1 EL Vanillezucker
1 Prise Salz
400 g Butter
550 g Mehl
90 g Zucker
125 g Staubzucker
5 gestrichene EL Kakaopulver
75 g gemahlene Haselnusskerne

etwa 50 Stück

15 Minuten + Kühlzeit + Backzeiten

1. Alle Zutaten zu einem glatten Teig kneten. Den Teig zu Rollen mit etwa 5 cm Durchmesser formen und 30 Minuten kalt stellen. Den Backofen auf 190 °C vorheizen. Zwei Backbleche mit Backpapier auslegen.

2. Von den Rollen 4–5 mm dicke Scheiben abschneiden. Die Scheiben auf das Backpapier legen und im heißen Ofen etwa 12 Minuten backen. Die Kekse auf einem Kuchengitter abkühlen lassen, in der Zwischenzeit das zweite Blech backen. Alle Kekse abkühlen lassen und in einer Keksdose mit Butterpapier als Zwischenlage aufbewahren. Einige Tage gut durchziehen lassen. Kühl lagern.

Gmundener Mostkeks von Marianne Huemer, Roitham

250 g Mehl
250 g Butter
Salz
etwa 3 EL Most (ersatzweise Weißwein, Cidre oder Apfelsaft)
etwa 200 g dick eingekochte Ribiselmarmelade (Johannisbeerkonfitüre)
Staubzucker zum Bestäuben

50 Stück

1 Stunde + Kühlzeit + Backzeiten

1. Aus Mehl, Butter, einer Prise Salz und Most einen Mürbteig kneten, zu einer Kugel formen und in Frischhaltefolie gewickelt 1 Stunde kühl stellen.

2. Den Backofen auf 180 °C vorheizen. Den Teig etwa 2 mm dick ausrollen und mit einem Glas oder einem Ausstecher Kreise von 4–5 cm Durchmesser ausstechen. Je 1 TL Marmelade in die Mitte setzen und jeden Teigkreis zum Halbkreis zusammenklappen. Die Ränder gut festdrücken, damit die Marmelade beim Backen nicht ausläuft.

3. Die Teigtäschchen auf ein mit Backpapier belegtes Backblech setzen und in 10–12 Minuten hellgelb backen. Herausnehmen und noch warm dick mit Staubzucker bestäuben.

Linzer Augen

450 g Mehl
150 g Staubzucker
300 g Butter
2 Eidotter
200 g Rote Ribiselmarmelade (Johannisbeerkonfitüre)
100 g feiner Zucker
1 EL Vanillezucker

etwa 50 Stück

1 Stunde + Kühlzeit + Backzeiten + Trockenzeit

1. Mehl und Staubzucker vermischen und auf die Arbeitsfläche häufen. Eine Mulde eindrücken und die Butter rundherum in dünnen Scheibchen verteilen. Die Eidotter in die Mulde geben. Alles zu einem glatten Mürbteig kneten. Den Teig zugedeckt etwa 30 Minuten kalt stellen.

2. Den Backofen auf 180 °C vorheizen. Zwei Backbleche mit Backpapier auslegen. Den Teig 2–3 mm dünn ausrollen und Kreise von 5 cm Durchmesser ausstechen. Aus der Hälfte der Kreise jeweils drei „Augen“ ausstechen. Dafür gibt es einen extra „Linzer-Ausstecher“. Die Kekse auf das Backpapier legen und jeweils 10–12 Minuten hellbraun backen.

3. Herausnehmen und kurz abkühlen lassen. Auf die Kekse ohne „Augen“ je ½–1 TL Ribiselmarmelade geben, je einen Keks mit „Augen“ draufsetzen. Zucker und Vanillezucker mischen und die Kekse damit besieben, dann 1 Stunde auf einem Kuchengitter trocknen lassen.

Küchendolmetscher Österreichisch–Deutsch

Backhendl	paniertes und frittiertes Hähnchen
Beuschel, Beuscherl	Lunge
Biskotten	Löffelbiskuits
Buchteln	Rohrnudeln
Eierschwammerl	Pfifferlinge
Erdäpfel	Kartoffeln
Faschierte Laiberl	Frikadellen, Buletten
Faschiertes	Hackfleisch
Fisolen	grüne Bohnen
Fleckerl	kleine quadratische Nudeln
Fleischsuppe	Fleischbrühe
Frittaten	in Streifen geschnittene Pfannkuchen als Suppeneinlage
Gemüsesuppe	Gemüsebrühe
Germ	Hefe
Golatschen	Taschen (Kleingebäck)
Grammeln	Grieben
Guglhupf	Napfkuchen
Heuriger	junger Wein, auch: Gaststätte, die jungen Wein ausschenkt
Holler	Holunder
Jause	Brotzeit, Vesper, Zwischenmahlzeit
Keks	Plätzchen
Kipferl	Hörnchen
Kletzen	Dörrbirnen
Knödel	Klöße
Koch	gekochtes Mus, Brei
Kohlsprossen	Rosenkohl
Kranewitten	Wacholderbeeren
Krapferl	kleine Krapfen
Kren	Meerrettich
Laiberl	Laibchen
Marillen	Aprikosen
Marmelade	Konfitüre (neben: Marmelade)
Maroni	Esskastanien

Mehl

- glattes M. (Type W480) Mehl Type 405, nicht extra bezeichnet, da es das Standardmehl ist. Für feine Kuchenteige geeignet.
- griffiges M. (Type W700) Mehl Type 550, nicht so fein ausgemahlen. Hat den höchsten Klebergehalt. Für Hefeteige, Brote, Strudel, Nocken und Spätzle.
- doppelgriffiges M., in der Fachsprache Dunst, auch als „Wiener Griessler“ bekannt, sehr körnig, zwischen Grieß und Mehl. Für Nudel-, Spätzle- und Strudelteige, die sehr elastisch sein müssen.

Nockerl	Klößchen, auch: Spätzle
Obers	Sahne
Palatschinken	Pfannkuchen
Paradeiser	Tomaten
Potitze	gerollter Hefekuchen mit Mohn-, Nuss- oder Kürbiskernfüllung
Powidl	dick eingekochtes Zwetschgenmus
Ribisel	Johannisbeeren
Rote Rübe	Rote Bete
Schmarrn	dick eingekochter Getreidebrei, in der Pfanne oder im Backofen in Fett gebacken und in Stücke gerissen
Schwammerl	Pilze
Semmeln	Brötchen
Staubzucker	Puderzucker
Striezel	Zopf
Sturm	Federweißer, junger Wein
Topfen	Quark
Topfengolatschen	Quarktaschen
Verhackert	gehackter oder durch den Fleischwolf gedrehter Speck
Vogerlsalat	Feldsalat

Danke

Wenn ich so vor dem weißen Blatt sitze und überlege, wem ich unbedingt Danke sagen will, dann schwirren mir gleich Dutzende Namen durch den Kopf. Und es ist schwer, allen diesen Menschen gerecht zu werden und keinen zu vergessen. Ich entschuldige mich schon an dieser Stelle dafür. Daher möchte ich meinen Dank kurz halten. Ausdrücklich danken möchte ich aber dem Verlag Gräfe und Unzer für das Vertrauen in mich und auch für die Mühen, die der Verlag auf sich genommen hat, um mein neues Kochbuch zu machen: Ulrich Ehrlenspiel, Anja Schmidt, Doris Steinbacher, die sicher den größten Anteil an diesem Buch hatte, und Wolfgang Schardt, der die Speisen so herrlich appetitlich fotografierte. Herzlichen Dank!!! Auch allen, die verantwortlich waren für Korrektur, Layout und Satz, alle von der Requisitensuche bis hin zur Maske, den Fahrern und Assistenten. Besonders auch dafür, dass mein Wunsch, dieses Buch auf Recyclingpapier zu drucken, Zustimmung gefunden hat und umgesetzt wird.

Danke an alle Mitarbeiter meiner Firma, die mich stützen und schützen. Mein allerherzlichster Dank gilt neben allen Köchinnen und Köchen, die mich mit ihrem Wissen und Können so bereichert haben, meinen Freunden und Kollegen, die mir ihr Vertrauen und ihre Freundschaft geschenkt haben: Rainer Sass, Tim Mälzer, Anna Holzer, Ilse Gutmann und Alfred Biolek.

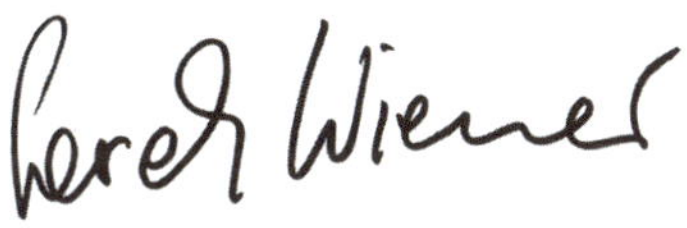

Rezept- und Themenregister

IMPRESSUM

ISBN: 978-3-8338-1691-8

Projektleitung: Anja Schmidt
Journalistische Mitarbeit: Dorothea Steinbacher
Lektorat: Katharina Lisson
Foodfotografie und Coverfoto: Wolfgang Schardt, Hamburg
Foodstyling: Anne-Kathrin Weber
Requisite: Miriam Geyer
Freisteller: Janet Hesse
Umschlaggestaltung, Innenlayout, Kapitelaufmacher:
Sabine Krohberger, ki 36 Editorial Design, München
Satz: Nadine Thiel | kreativsatz, Baldham
Druck und Bindung: Firmengruppe Appl, Wemding

Bildnachweis:
Anja Moritz: Illustrationen Cover und Vorsatzpapier (Huhn im Topf); Bettina Stickel: Illustrationen Buchumschlag (Scherenschnitte); Corbis: Seite 127; Familie Sicher: Seite 104; Fotolia: Seite 5 (Schneebesen), 10 (Weinranke), 40 (Gondel, Stein, Enzian, Milchkanne), 126 (Bilderrahmen), 164 (Schneebesen); Laif: Seite 73; Plainpicture: Seite 5 (Wiese), 72 (Wiese); Sarah Wiener privat: alle Schwarz-Weiß-Fotos Sarah Wiener; Stockfood: Seite 10 (Weinglas), 126 (Cloche)

Wir danken folgenden Firmen für ihre Unterstützung bei der Fotoproduktion:
Riess KELOmat GmbH, www.riess.at • Kristallmanufaktur Theresienthal GmbH, www.theresienthal.de • Dibbern GmbH, www.dibbern.de • Found us, der Fundus für Bekleidung in Hamburg, www.foundus.de

UMWELTHINWEIS: *Dieses Buch ist auf 100 % Recyclingpapier gedruckt. Um Rohstoffe zu sparen, wurde auf Folienverpackung verzichtet.*

1. Auflage 2011
www.graefeundunzer-verlag.de

GRÄFE UND UNZER

Ein Unternehmen der
GANSKE VERLAGSGRUPPE